国家职业教育改革发展示范校建设成

西餐酒水服务

主　编　徐　敏　陶佳琦
副主编　黄　利

苏州大学出版社

图书在版编目(CIP)数据

西餐酒水服务 / 徐敏,陶佳琦主编. —苏州:苏州大学出版社,2015.4(2019.7重印)
国家职业教育改革发展示范校建设成果
ISBN 978-7-5672-1294-7

Ⅰ.①西… Ⅱ.①徐… ②陶… Ⅲ.①西餐—餐馆—商业服务②酒吧—商业服务 Ⅳ.①F719.3

中国版本图书馆 CIP 数据核字(2015)第 077708 号

西餐酒水服务

徐　敏　陶佳琦　主编

责任编辑　周新慧

苏州大学出版社出版发行
(地址:苏州市十梓街1号 邮编:215006)
虎彩印艺股份有限公司印刷
(地址:东莞市虎门镇北栅陈村工业区 邮编:523898)

开本 787 mm×1 092 mm　1/16　印张 13　字数 316 千
2015 年 4 月第 1 版　2019 年 7 月第 3 次印刷
ISBN 978-7-5672-1294-7　定价:32.00 元

苏州大学版图书若有印装错误,本社负责调换
苏州大学出版社营销部　电话:0512-67481020
苏州大学出版社网址　http://www.sudapress.com

编写说明

本书是旅游管理专业国家级示范专业建设项目成果,是"酒店专业服务技能综合实训"系列教材之一。

本书针对西餐酒水服务人员的岗位工作需要,借鉴澳大利亚蓝山酒店式教学模式下西餐教材建设经验,结合调酒师国家职业技能标准设计编写而成。本书分为四大模块、十九个专题,以不同项目为引导,充实大量与项目内容相关的知识,并设置相应的课前课后任务、课堂实践活动和实训实践活动,实现课程教学目标。

教材内容主要包括西餐酒水准备、西餐酒水操作、西餐酒水服务和西餐酒水管理四个部分。通过学习,学生可以熟练掌握酒吧职业技能和与工作程序相关的基本知识;详细了解白兰地、威士忌、金酒、伏特加、朗姆、特基拉、葡萄酒和啤酒等酒水的基础知识,以及混合饮品鸡尾酒的调制技术等;全面了解酒吧服务常识和沟通技巧。本书形式新颖,内容精练,针对性、实用性强。

本书由徐敏、陶佳琦、黄利编写。因编写时间仓促及编者水平所限,书中还存在着许多需要改进的地方,在此真诚地希望诸位师生在使用过程中,能及时发现问题并反馈建议,以帮助我们今后做进一步的完善。

编写组

2014 年 11 月

目 录

模块一　认识酒吧 …………………………………… 1

专题一　酒吧介绍　　　　　　　　　　　*1*
　　一　酒吧概述　　　　　　　　　　　　*1*
　　二　酒吧设施设备　　　　　　　　　　*7*

专题二　酒吧服务人员职业要求　　　　　*19*
　　一　酒吧岗位职责　　　　　　　　　　*19*
　　二　酒吧员工素质要求　　　　　　　　*22*
　　三　酒吧服务技艺　　　　　　　　　　*26*

专题三　酒单介绍　　　　　　　　　　　*32*
　　一　酒单概述　　　　　　　　　　　　*32*
　　二　酒单制作　　　　　　　　　　　　*39*

模块二　酒水服务技能 ……………………………… 42

专题四　白兰地服务　　　　　　　　　　*42*
　　一　白兰地基础知识　　　　　　　　　*42*
　　二　白兰地的饮用与服务　　　　　　　*50*

专题五　威士忌服务　　　　　　　　　　*52*
　　一　威士忌基础知识　　　　　　　　　*52*
　　二　威士忌的饮用与服务　　　　　　　*61*

专题六　金酒服务　　　　　　　　　　　*63*
　　一　金酒基础知识　　　　　　　　　　*63*
　　二　金酒的饮用与服务　　　　　　　　*67*

专题七　伏特加酒服务　　　　　　　　　*69*
　　一　伏特加基础知识　　　　　　　　　*69*

二　伏特加的饮用与服务　　　　　*71*

专题八　朗姆酒服务　　　　　　　*73*
　　一　朗姆酒基础知识　　　　　　*73*
　　二　朗姆酒的饮用与服务　　　　*76*

专题九　特基拉酒服务　　　　　　*78*
　　一　特基拉酒基础知识　　　　　*78*
　　二　特基拉酒的饮用与服务　　　*81*

专题十　葡萄酒服务　　　　　　　*82*
　　一　葡萄酒基础知识　　　　　　*82*
　　二　葡萄酒的饮用与服务　　　　*95*

专题十一　啤酒服务　　　　　　　*103*
　　一　啤酒基础知识　　　　　　　*103*
　　二　啤酒的饮用与服务　　　　　*111*

专题十二　开胃酒服务　　　　　　*113*
　　一　开胃酒基础知识　　　　　　*114*
　　二　开胃酒的饮用与服务　　　　*117*

专题十三　甜食酒服务　　　　　　*119*
　　一　甜食酒基础知识　　　　　　*119*
　　二　甜食酒的饮用与服务　　　　*125*

专题十四　利口酒服务　　　　　　*127*
　　一　利口酒基础知识　　　　　　*127*
　　二　利口酒的饮用与服务　　　　*133*

模块三　酒水调制技艺　　　　　　*135*

专题十五　鸡尾酒调制　　　　　　*135*
　　一　鸡尾酒基础知识　　　　　　*135*
　　二　鸡尾酒调制方法　　　　　　*139*
　　三　经典鸡尾酒酒谱　　　　　　*142*

专题十六　其他饮料的调制　　　　　　*162*
　　一　软饮料的制作和服务　　　*162*
　　二　无酒精类鸡尾酒酒谱　　　*165*

模块四　酒吧服务技巧 ……………………… *169*

专题十七　酒水服务规范　　　　　　*169*
　　一　酒水服务流程　　　*169*
　　二　酒吧常见表单　　　*177*

专题十八　酒吧宾客服务技巧　　　　　　*179*
　　一　酒吧宾客沟通技巧　　　*179*
　　二　酒吧酒水推销技巧　　　*181*

专题十九　酒吧经营与管理　　　　　　*184*
　　一　酒吧日常管理　　　*184*
　　二　酒吧销售管理　　　*187*

附录一　酒吧调酒师职业技能标准　　　*189*
附录二　酒吧常用英语　　　*196*

模块一 认识酒吧

专题一 酒吧介绍

一 酒吧概述

【学习目标】

1. 了解酒吧的概念和类型。
2. 熟悉酒吧工作环境、了解酒吧的功能区域。
3. 了解酒吧常见设施设备。
4. 熟悉酒吧酒水器具的主要用途。
5. 熟悉常见调酒器具。

一、酒吧定义

"吧"英文为"Bar",它的本义是指售酒的长条柜台。中文里"吧台",吧即台,台即吧。酒吧也就是卖酒的柜台。

现在,酒吧通常被认为是各种酒类的供应与消费的主要场所,它是酒店的餐饮部门之一,专为供客人饮料服务及休闲而设置。通常供应含酒精的饮料,也随时准备汽水、果汁为不善饮酒的客人服务。

二、酒吧类型

对酒吧进行分类研究是要使经营者了解不同酒吧类型的经营方式与不同特点,以便了解及把握这种规律,明确经营方向,使经营方向适应目标客人的需求。

一所饭店可拥有1~3个设在不一样场地的酒吧,供不一样的客人使用,其中,部分酒店大堂设有手推车或活动酒吧(Portable Bar),便于大堂客人使用;有的设在酒店顶楼,能使客人欣赏景色或夜景;有的设在餐厅周围,便于客人小饮后进入餐厅用餐。

(一)根据服务方式分类

1. 立式酒吧

立式酒吧即传统意义上典型的酒吧,客人不需要服务人员服务,一般自己直接到吧台上喝饮料。"立式"并非指客人必须站立饮酒,也不是指调酒师或服务人员站立服务。它只是一种传统习惯的称呼。

这种酒吧里,有相当多的客人是坐在吧台前高脚椅上喝酒的,而调酒师则是站在吧台里面,面对客人进行操作。由于调酒师自始至终处在与客人的直接接触之中,在客人面前进行各种操作,因而他必须始终保持整洁的仪容,谦和有礼的态度,自然还必须掌握熟练的调酒技术来吸引客人。

传统意义上立式酒吧的调酒师,在一般情况下多单独地工作。因此,他不仅要负责酒类及饮料的调制,还要负责收银工作,同时还必须掌握整个酒吧的营业情况。

2. 服务酒吧

服务酒吧是指客人不直接在吧台上享用饮料,通常是通过服务人员点单并提供饮料服务。一般情况下,调酒师并不与客人发生直接接触。

服务酒吧为餐厅用餐客人服务,因而佐餐酒的销售量比其他类型的酒要大得多。服务酒吧的布局一般为直线封闭型。立式酒吧的调酒师通常都独立作业,并负责收款,但服务酒吧的调酒师必须与服务人员合作,按照服务人员所开的酒单配酒及提供各种酒类饮料并由服务人员收款。所以,可以说它是以服务人员为中心的酒吧。

3. 鸡尾酒廊

大型酒店的鸡尾酒廊属于服务酒吧类。鸡尾酒廊通常位于酒店大厅附近,或是大厅的延伸或是利用大厅周围的空间。鸡尾酒廊一般比立式酒吧宽敞,常有钢琴或者小乐队为客人演奏,有的还有小舞池,以供客人随兴起舞,这种酒吧较为特殊,需要有多名服务人员,因为有时会有多个吧台,每个吧台须有一位服务人员为顾客服务。

鸡尾酒廊的吧台设计与站立吧台设计基本相同,只是鸡尾酒廊还设有高级的桌椅、沙发,环境较立式酒吧优雅舒适,气氛较立式酒吧安静,节奏也较缓慢。

4. 宴会酒吧

一般为宴会、冷餐会、酒会等提供饮料服务的酒吧,客人多采用站立式,不提供座位,其服务方式既可以是统一付款,随意饮用饮料,也可以是客人为自己所喝的每种饮料付款。

宴会酒吧业务特点是营业时间较短,客人集中,营业量大,服务速度相对要求快,它通常要求酒吧服务人员每小时能够服务 100 人左右的客人。因而宴会酒吧的服务人员必须头脑清晰,工作有条理,具有应付大批客人的能力。宴会酒吧由于上述特点,又要求服务人员事先做好充分的准备工作,各种酒类、原料、配料、酒杯、冰块、工具等必须有充足的储备,不至于营业中途缺这少那而影响服务。

由于宴会酒吧要求快速服务,因此供应的酒水种类往往受到限制,通常只有啤酒和各式清凉饮料以及少数几种大众化的混合饮料,且这些混合饮料一般都是可以事先配制的成品。宴会酒吧的所有同类饮料宜使用同一价格,如所有鸡尾酒皆为 20 元,啤酒为 10 元,各种清凉饮料为 5 元,葡萄酒为 10 元等,目的是提高服务速度,避免收款差错。

(二) 根据服务内容分类

1. 纯饮品酒吧

相对于提供食品的酒吧而言,此类酒吧主要提供各类饮品,但也有一些佐酒小菜,如果

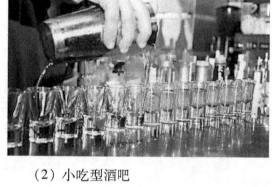

脯、杏仁、腰果、果仁、蚕豆等坚果食品类。

2. 供应食品酒吧

此类酒吧可进一步细分为：

（1）餐厅酒吧

绝大多数餐厅都设有酒吧，以作吸引客人消费的一种手段。其酒水销售的利润相对于单纯的酒吧类型要低，品种也较少。高级餐厅中，其种类及服务有增强趋势。

（2）小吃型酒吧

从一般意义上讲，含有食品供应的酒吧其吸引力总是比较大，客人消费也会比较多。小吃的种类往往是具有独特风味及易于制作的食品，如三明治、汉堡、猪排、鱼排、牛排或地方风味小吃等。

（3）宵夜式酒吧

这种酒吧往往是高级餐厅的夜间营业场所。餐厅将其环境布置成酒吧，有酒吧特有的灯光及音乐设备，产品上，酒水与食品并重，客人可单纯享用宵夜或其特色小吃，也可单纯饮用饮品。

（4）娱乐型酒吧

设这种酒吧环境布置及服务主要为了满足寻求刺激、兴奋、创业的客人，所以这种酒吧往往会设有车队/舞池/卡拉OK/时装表演等，有的甚至于以娱乐为主，酒吧为辅，所以吧台在总体设计中所占空间较小，舞池较大，此类酒吧气氛活泼、热烈，大多数青年人较喜欢这类刺激豪放型酒吧。

（5）休闲型酒吧

此类酒吧是客人公务之余松弛精神、怡情养性的场所。主要为满足寻求放松、谈话、约会的客人而设，所以要座位舒适、灯光柔和、音乐的音量小、环境优雅。供应的饮料品种以清凉饮料（不含酒精饮料）为主，咖啡是其所售饮品中的一个大项。

（6）俱乐部、沙龙型酒吧。

由具有相同兴趣、爱好、职业背景、社会背景等人群组成的松散型社会团体，谈论共同感兴趣的话题、交换意见及看法，同时有饮品供应，这类酒吧可在其名称上体现出来。如"企业家俱乐部""艺术家俱乐部""单身俱乐部"等。

三、酒吧主要功能区域

酒吧是向客人提供酒水及服务的综合娱乐休闲场所，为满足客人的一般需要，必须根据酒吧的实际环境，进行功能区划分和良好的设计。

（一）酒吧主要功能区域

酒吧平面功能区域图：

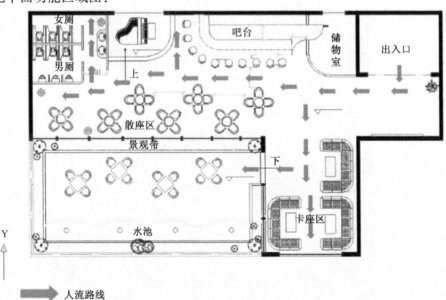

（二）功能区划分的原则

① 专区专用；

② 方便酒吧运作；

③ 不影响客人活动与休息。

（三）主要功能区域介绍

1. 吧台

酒吧吧台是向顾客提供酒水及其他服务的工作区域。酒吧是什么风格、主题可以从门面上一目了然。设计的关键是提高消费者进来的兴趣，创造一个引人注目的亮点。

吧台主要有三种形式：长形、马蹄形、小岛形，三者各有所长。长形吧台方便客人面对酒保，酒保在酒吧中是一个灵魂人物，有些客人就因为同酒保熟才会经常光顾；马蹄形吧台的好处可以令客人之间有眼神交流，有人来酒吧是需要认识人的；小岛形吧台则会设在酒吧的中间，创造出一种热闹的气氛。

2. 餐桌区

通常酒吧会设计很多不同的角落，让客人每次来坐在不同的地方，感觉会完全不一样。大部分酒吧设计都是灵活弹性的桌椅，无论两个人或十个人来可随意拼拆餐桌。

3. 后勤区

主要是厨房、员工服务柜台、收银台、办公室。这些功能强调动线流畅，方便实用。

4. 卫生间

卫生间设计很重要,可以表现出酒吧本身的个性。经营规范是按座椅来设定卫生间的容量,所以在设计时要符合有关条例。

二 酒吧设施设备

一、酒吧设施设备

酒吧的正常经营,离不开设施设备的运转,各种类型的酒吧根据其经营特色和风格不同,配备的设施设备有较大的区别,但从功能和作用看,主要是由吧台和酒吧中的必备设施构成。在设备方面有冰箱、冰柜(包括立式和卧式)、制冰机、上下水道、厨房设备、库房设备、空调设备以及音响设备的配置及其他各种指数,还有快速酒架(Speed Rack)、酒吧枪(Bar Gun or Liquor Gun)、苏打水枪(Soda Gun or Soda Dispenser)等电子酒水设备。机器类有酒吧专用搅拌机、奶昔快速搅拌机、榨汁机、碎冰机、电动磨豆机、刨冰机、制冰机、咖啡机、冰柜、三格洗涤槽(分别具有初洗、刷洗及消毒功能)、操作工作台(带清洁口)。在酒吧中,调酒师应在安全、卫生的基础上正确使用各种设备,保证工作顺利开展。

常用的设施设备如表所示:

设备名称	设备用途	参考图片
双门卧式冰箱(Freezer)	酒吧中常用的卧式冰柜多为内侧双开门三层储物设计,在门的旁边有一控温面板和通风口。控温面板上有调温旋钮,可以根据冰柜内存放的饮品进行控温,通风口外有一空气过滤罩,用来阻隔灰尘,每月需要清洗一次。设计酒吧时应在卧式冰柜下预设下水管,用于冰柜内积水滴流。	

续表

设备名称	设备用途	参考图片
双门物品柜（Cupboard）	此物品柜通常分为上下两层。用于贮存酒吧内的各种调酒工具及用品,此外,还可以放置陶瓷器皿或各种玻璃杯具。注意:在使用此物品柜时,需要在柜内垫上白布后再放置物品,以确保柜内干净整洁。	
酒杯储藏柜（Cup Storage）	吧台上方的吊挂酒杯只是做装饰用。而供客人使用的大量的酒杯应放在酒杯储藏柜中,这样一则操作起来方便,二则让客人感到干净卫生。	
不锈钢水池（Cistern）	酒吧中的两星不锈钢水池分为两个部分——清洗池和消毒池。清洗池通常用来洗手,初步清洗脏的杯具,玻璃器皿以及瓷器。消毒池则是清洗瓷器内的茶渍、茶垢。消毒池需要时刻保持干净、卫生,避免往消毒池内倾倒杂物,否则会造成堵塞。	
制冰机（Ice Machine）	在酒吧内多以一些小型制冰机为主。冰块形状也分为四方形、圆柱形、扁圆形和长方形等多种。四方形的冰块使用起来较方便,不易融化。在使用过程中注意制冰机内冰块的卫生。不能用手或随意的物品盛取冰块,应用专门的冰铲盛取冰块。	
洗杯机（Glass Wash Machine）	它是专门用来清洗酒吧内所有杯具、玻璃器皿、瓷器的专用清洗机。主要用于对酒吧中的杯具进行高温消毒。在清洗之前,一般将杯具倒扣在杯筐中再放进洗杯机里,调好程序按下电钮即可清洗。在清洗过后,应该及时将洗杯机内的杯具取出进行擦拭。一天营业时间结束后,应该对洗杯机进行清洗,将洗杯机内的水排出,每天营业之前注入新水。	
搅拌机（Blender）	搅拌机是酒吧调制鸡尾酒和制作鲜榨果汁的常用电动设备。在制作鸡尾酒时,是将不易混合的酒水在搅拌过程中起到充分融合的作用。在榨取果汁时,应该选用无籽、不易出汁的水果。另外,使用之前应该检查容器内是否干净,使用之后应该及时清洗容器,保持容器内的清洁。	

续表

设备名称	设备用途	参考图片
啤酒供应系统（Draft-Beer System）	一般来说，酒吧的客人对啤酒的饮用量较大，啤酒供应系统一则可提供富有营养的生、鲜啤酒，二则可提高工作效率。	
生啤机（Draft Machine）	为客人提供生啤酒的机器。生啤机分为两部分，气瓶和制冷设备。气瓶装二氧化碳用。输出管连接到生啤酒桶，有开关控制输出气压，气压低则表明气体已用完，需另换新气瓶，制冷设备是急冷型的。整桶的生啤酒无须冷藏，连接制冷设备后，输出来的便是冷冻的生啤酒，泡沫厚度可由开关控制。开关向前打开为接取啤酒，向后打开接出啤酒沫。生啤机不用时，必须断开电源并摘掉连接生啤酒桶的管子。生啤机需每15天由专业人员清洗一次。	
咖啡机（Coffee Machine）	半自动咖啡机需要操作者自己填粉和压粉。操作者可以通过自己选择粉量的多少和压粉的力度来制作口味各不相同的咖啡。全自动咖啡机是指集研磨、填粉、压粉、滤煮、清洗为一体的一键完成的咖啡机。在使用前应该提前打开进行加压预热；在营业时间结束后，应该对咖啡机进行全面的清洗，包括热蒸汽喷头、咖啡出水口、漏水槽及机器内部的清洗。	
果汁机（Juice Squeezer）	榨汁机是酒吧中制作鲜榨水果汁和蔬菜汁的常用的电动设备（柑橘类、柠檬等除外）。主要起到果核与果肉分离获取果汁的作用。材质主要以塑料为主。通常榨汁机使用方法是：将水果的果皮去除后，放入机器投入口内，按动机器开关进行压榨即可榨出鲜美的果汁。使用之前应该检查容器内是否干净，使用之后应该及时清洗容器，保持容器内的清洁。	
软饮料供应系统（Handgun for a Soda System）	酒吧中软饮料的需求量也较大，如苏打水、汤力水、可乐、雪碧等。软饮料配出器一可提高工作效率，二可保证饮品供应的一致性。	

续表

设备名称	设备用途	参考图片
苏打枪（Soda Gun）	苏打枪是用来分配含汽饮料的系统。该装置包括1个喷嘴和7个按钮，可分配7种饮料，即汤力水、可乐、七喜、芬达、姜汁汽水、苏打水等。它可以保证饮品供应的一致性，避免浪费。	
奶昔机（Milk Shake Machine）	奶昔机用于搅拌奶昔，制作奶昔的主要原料包括：牛奶、冰淇淋粉、冰块以及各种鲜果汁、鲜水果等。	
恒温柜（Thermostat）	主要用于储存红葡萄酒。因红葡萄酒的特殊要求，需要将他们放入葡萄酒冷藏柜中恒温冷藏。此类冰柜温度也可以调节，储藏温度依据酒的种类不同而不同。通常在5℃~12℃。	
活动酒吧台（Bar Counter）	活动酒吧台是酒吧中一种特殊形式的吧台，活动酒吧台一般装有少量的酒水饮料、杯子器具。可以直接将其推到客用区域进行对客服务，具有较强的灵活性。	
POS机（Point of Sales Terminal）	POS机是酒吧计算机网络的一部分，具有账单记录，销售分析，监督和管理每日销售情况，分派和贮存酒水饮料数量等新的功能。管理人员可以根据其提供的数据来检查，分析酒吧的经营状况，制定出新的营销决策。	

二、酒水器具

（一）酒杯介绍

酒杯是用来盛放酒水的容器，是直接供客人使用的。酒杯一般有平光玻璃杯、刻花玻璃杯和水晶玻璃杯等，根据酒杯的档次级别和格调在不同的场合选用。酒杯的容量习惯用盎司（OZ）来计算，现在按毫升（ml）来计算（1 盎司大约等于 28 毫升）。

一个好的酒杯需涵盖三个方面，首先，杯子的清洁度及透明度对品酒时视觉的感觉极为重要；其次，杯子的大小及形状会决定酒香味的强度及复杂度；再次，杯口的形状决定了酒入口时与味蕾的第一接触点，从而影响了对酒的组成要素（如果味、单宁、酸度及酒精度）的各种不同感觉。酒杯的主要类型如表所示：

载杯名称	设备用途	参考图片
烈酒杯（Shot Glass）	多用于烈性酒的纯饮，故又称烈酒纯饮杯，也可称为盎司杯、一口杯、Shot 杯、Straight 杯（纯喝杯），容量约为 1 盎司至 1.5 盎斯，有开口向外与平口两种。另有一种为 Double 杯，长度较长，容量约为两盎司。	
古典杯（Old Fashional Glass），又叫岩石杯（Rock Glass）	其容量规格一般为 224 毫升，大多用于喝加冰块的烈酒和净饮威士忌，有些鸡尾酒也使用这种杯。	
高杯（High Ball Glass）	多用于盛载长饮酒或软饮料。	
柯林杯（Collins Glass）	多用于长饮类或兑和型的酒精饮料，以及鸡尾酒。有小型（180 毫升）、中型（240 毫升）和大型（300～360 毫升）三种。	
阔口香槟杯（Champagne Saucer）	一般规格容量为 126 毫升，用于喝香槟酒和香槟鸡尾酒。	

续表

载杯名称	设备用途	参考图片
郁金香型香槟杯（Champagne Tulip）	容量规格为126毫升，只用于香槟酒的饮用。	
白兰地杯（Brandy Snifter）	为杯口小、腹部宽大的矮脚酒杯。杯子实际容量虽然很大（240～300毫升），但倒入酒量（30毫升左右）不宜过多，以杯子横放、酒在杯腹中不溢出为量。	
水杯（Water Goblet）	容量规格为280毫升，供喝冰水和一般汽水时使用。	
啤酒杯（Pilsner）	容量规格为280毫升，餐厅里喝啤酒用。在酒吧，女士常用这种杯子喝啤酒。	
啤酒杯（Beer Mug）	容量规格为336～504毫升，在酒吧中一般喝生啤酒时用。	
鸡尾酒杯（Cocktail Glass）	容量规格为98毫升，底部厚实，外形圆胖。多用于盛载加冰块的烈性酒和古典鸡尾酒。	
玛格丽特杯（Margarita Glass）	特点是都很大，另外杯口不内收。做玛格利特时要用清柠檬片先在杯沿抹一圈，再倒扣在一浅碟盐上，这样杯口就沾了一圈盐。	

续表

载杯名称	设备用途	参考图片
红葡萄酒杯（Red Wine Glass）	葡萄酒杯的容量一般为 150～300 毫升。用于喝红葡萄酒。底部有握柄，上身较白酒杯略深，且更为圆胖宽大。主要用于盛载红葡萄酒和用其制作的鸡尾酒。	
白葡萄酒杯（White Wine Glass）	白葡萄酒杯底部有握柄，上身较鸡尾酒杯略深，且呈弧形。主要用于盛载白葡萄酒和用其制作的鸡尾酒。	
雪利酒杯（Sherry Galss）	雪利杯是指饮用雪利酒时使用的玻璃杯。除了饮用雪利酒外，饮用威士忌以及烈性酒的时候也可以使用这种酒杯。雪利杯的标准容量为 60～75 毫升。	
波特酒杯（Port Wine Glass）	容量规格为 56 毫升，专门用于喝波特酒。	
飓风杯（Hurricane）	容量规格为 336 毫升，用于喝各种特色鸡尾酒。	
威士忌酸杯（Whisky Sour Glass）	容量规格为 112 毫升，喝威士忌鸡尾酒时用。	
利口酒杯（Liqueur）	外形矮小，底部有短握柄，上方成圆直状，开口向外者称为 Liqueur，用于盛载利口酒。	

续表

载杯名称	设备用途	参考图片
甜酒杯(Pony)	外形矮小,底部有短握柄,上方成圆直状,开口平直者称为 Pony,多用来盛载利口酒和甜食酒。	
爱尔兰咖啡杯(Irish Coffee Glass)	容量规格为 210 毫升,供喝爱尔兰咖啡用。	
果冻杯(Sherbet)	容量规格为 98 毫升,吃果冻、冰激凌时用。	
苏打杯(Soda Glass)	容量规格为 448 毫升,用于吃冰激凌、雪糕苏打。	
水罐(Water Pitcher)	容量规格为 1000 毫升,装冰水、果汁用。	
醒酒器(Decanter)	容量规格有多种,如 168 毫升、500 毫升、1000 毫升等,用于过滤红葡萄酒或出售散装红、白葡萄酒。	

（二）载杯注意事项

（1）杯具无污迹、水迹。

（2）拿杯具时，不得拿杯口，只能拿住杯的底部。

（3）倒酒时，如果客人是净饮，如白兰地等六大基酒，每次不得超过1盎司，啤酒倒至8~9成，红酒至1/3杯，茶水七至八成满，香槟不超过2/3杯。

三、其他用具（Bar Utensils）

酒吧服务人员生产调制酒品还需用到的专用工具如下：

酒吧器具	酒吧器具用途	参考图片
酒吧刀（Waiter Knife），俗称（Waiter Friend）	用于开启红、白葡萄酒瓶的木塞，也可以用于开汽水瓶、果汁罐头。	
T形起塞器（Cork Screw）	用于开启红、白葡萄酒瓶的木塞。	
量杯（Jigger）	用于度量酒水的分量。	
滤冰器（Strainer）	调酒时用于过滤冰块。	
开瓶器（Can Opener）	用于开启汽水、啤酒瓶盖。	

续表

酒吧器具	酒吧器具用途	参考图片
酒吧匙(Bar Spoon)	分大、小两种,用于调制鸡尾酒或混合饮料。	
摇酒器(Shaker)	用于调制鸡尾酒,按容量分大、中、小三种型号。	
波士顿摇酒器(Boston Shaker)	由金属摇杯和玻璃摇杯组成。作用同上文的摇酒器。	
调酒杯(Mixing Glass)	用于调制鸡尾酒。	
砧板(Cutting Board)	用于切水果、装饰物。	
果刀(Fruit Knife)	用于切水果、装饰物。	

续表

酒吧器具	酒吧器具用途	参考图片
调酒棒（Stirrer）	调酒用。	
鸡尾酒签（Cocktail Pick）	穿装饰物用。	
挤柠檬器（Lemon Squeezer）	挤新鲜柠檬汁用。	
吸管（Straw）	客人喝饮料时用。	
杯垫（Coaster）	垫杯用。	
冰夹（Ice Tong）	夹冰块时用。	

续表

酒吧器具	酒吧器具用途	参考图片
柠檬夹（Lemon Tong）	榨柠檬青柠时使用。	
冰铲（Ice Container）	装冰块时使用。	
宾治盆（Punch Bowl）	装水果宾治时使用。	
冰桶（Ice Bucket）	用作放冰块、冰镇酒水。	
酒嘴（Pour Spot）	为了减缓酒液冲力和控制酒液流量而安置在酒瓶口上的一种小型控制器。	
酒杯上霜机（Glass Chiller）	用于冰镇酒杯的设备。	

考核指南

1. 基础知识部分（笔试或口试）
(1) 酒吧的概念、分类。
(2) 酒吧主要功能区域有哪些？
2. 服务技能部分（实训室现场操作）
(1) 酒吧设施设备的识别。
(2) 酒吧器具的识别。

专题二　酒吧服务人员职业要求

【学习目标】

1. 了解酒吧员工的岗位职责。
2. 学会酒吧岗位文明用语。
3. 掌握酒吧员工礼仪姿态。
4. 掌握酒水托盘服务技能。
5. 掌握酒水斟酒服务技能。

一　酒吧岗位职责

一、酒吧组织结构图

组织结构是组织的全体成员为实现组织目标，在管理工作中进行分工协作，在职务范围、责任、权利方面所形成的结构体系。组织结构是组织在职、责、权方面的动态结构体系，

酒吧一般组织结构模型图

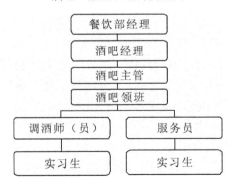

其本质是为实现组织战略目标而采取的一种分工协作体系,组织结构必须随着组织的重大战略调整而调整。

二、酒水部岗位职责

(一) 酒吧经理岗位职责

直接上级:餐饮部经理,下级:酒吧主管、酒吧领班、调酒师、服务员。

(1) 具备高度的责任心,提前上岗,最后离开工作岗位。
(2) 负责和其他部门的工作协调。
(3) 负责本部门的工作会议及员工培训。
(4) 检查开吧前的准备工作,酒水、杯具备量是否合理,是否到位,清洁是否达标。
(5) 检查责任区域内是否有其他问题或安全隐患,如有异常情况应立即上报处理。
(6) 检查每日报表是否准确,数量金额是否相符。
(7) 负责安排本部员工的日常工作及督导花式调酒的效果。
(8) 督导员工并对吧员在工作中遇到的问题及时解决纠正。
(9) 服从上级指挥,完成上级交给的其他任务。

(二) 酒吧主管岗位职责

直接上级:酒吧经理。

(1) 按时上班,认真完成上级领导安排的各项工作。
(2) 编排员工工作时间表,合理安排员工休假,做好员工每日考勤。
(3) 检查各酒吧每日工作情况,控制出品成本,防止浪费、减少损耗、严防失窃。
(4) 制订培训计划,安排员工培训课程,并督促员工努力学习工作,提高员工业务素质。
(5) 制定酒吧各类酒水之销售品种和销售价格,并根据实际工作情况(库存、销售)制订进货计划交至采购部按计划采购。
(6) 制定酒吧各项工作制度及工作服务流程,操作规范、出品分量、出品速度、出品装饰等标准。
(7) 做好每日营业日报表并按时上交财务部。
(8) 做好每日的盘点工作及存取酒工作。
(9) 监督员工的工作纪律和仪容仪表,礼貌礼节情况。
(10) 处理客人投诉或其他部门的投诉,调解员工的纠纷。

(三) 酒吧领班岗位职责

直接上级:酒吧主管。

(1) 了解公司的经营策略。熟悉酒吧的日常操作。
(2) 保证酒吧处于良好的营业状态,保证酒吧员工处于良好的工作状态。
(3) 协助公司制定服务标准和工作程序,并确保这些服务程序和标准的实施。
(4) 负责对整个酒吧的巡查以及对客沟通工作。
(5) 检查酒吧日常工作情况。
(6) 做好团队的监督管理工作。
(7) 对所管辖范围的员工,有奖惩、晋升的建议权。

（8）努力为客人创造高品质服务，以超出客人的期望作为目标。
（9）友好热情地欢迎和接待所有客人，努力自我学习及学会记住客人的名字。
（10）为确保酒吧给客人留下良好的印象做出一切努力。
（11）妥善处理对客服务中的各类问题，主动征求客人意见。
（12）负责制定酒吧对客服务规程并督导员工认真执行。
（13）保持良好的客户关系，维护老客户，发展新客户。做好重点老客户的案例档案。
（14）宾客的问题、投诉和要求应迅速而机敏地做出反应，正确处理客人投诉。

（四）调酒师岗位职责

直接上级：酒吧主管。

（1）在酒吧主管领导下，积极开展各项工作。
（2）全面负责吧台的各项监督检查。
（3）掌握各项设备设施的使用方法及维护保养知识。
（4）在日常工作中积极的推陈出新并把握鸡尾酒的口感及配方。
（5）负责所有物品的清点、登记、统筹。
（6）做好每日销售报表。
（7）在吧台积极活跃地带动饮酒氛围并适时地进行鸡尾酒促销。
（8）每日根据吧台经理的规定和要求进行花式调酒表演。
（9）勤练花式动作减少失误并不断地增加花式动作及观赏性。

（五）酒吧服务员岗位职责

直接上级：酒吧主管。

（1）在酒吧范围内招呼客人。
（2）根据客人的要求写酒水供应单，到吧台取酒水，并负责取单据给客人结账。
（3）按客人的要求供应酒水，提供令客人满意而又恰当的服务。
（4）保持酒吧的整齐、清洁，包括开始营业前及客人离去后摆好台椅等。
（5）做好营业前的一切准备工作，如备咖啡杯、碟、茶壶和杯等。
（6）协助放好陈列的酒水。
（7）补足酒杯，空闲时擦亮酒杯。
（8）用干净的烟灰缸换下用过的烟灰缸。
（9）清理垃圾及客人用过的杯、碟，并送到后面。
（10）熟悉各类酒水、各种杯子类型及酒水的价格。
（11）熟悉服务程序和要求，按规范操作。
（12）清理酒吧内的设施，如台、椅、咖啡机、酒吧工具等。
（13）营业繁忙时，协助调酒师制作各种饮品或鸡尾酒。
（14）帮助调酒师补充酒水或搬运物品。

二 酒吧员工素质要求

一、酒吧服务员的基本条件

（一）员工仪容仪表要求

分类	男员工	女员工
发式	发型自然大方、整齐清洁、无头屑,不用异味发油。	
	长度适中,前不及眉,侧不及耳,后不及衣领。	刘海不遮眼,长发扎起,头饰不可夸张。
耳	无耳垢眼屎,不戴有色有边眼镜。	
面	不留胡须。	
口腔	上班前牙齿清洁、口气清新,不吃异味食品,不抽烟喝酒。	
手	不留长指甲,长度不超过0.4厘米,可以用无色甲油,经常保持手部清洁,除手表外可以带一枚小戒指。	
鞋	穿着公司指定皮鞋,光亮、清洁。不得穿拖鞋、运动鞋。	
袜子	黑袜子,中高袜筒。	无色净花丝袜,袜口不得露出裙摆裤脚。
衣着	合身、整齐,扣好衣袖,衣裤不得卷起,员工证佩戴在左胸,饰品不可露出衣外。	
身体	勤洗澡,无体味,香水味清淡。	
整体	自然,大方得体,符合工作需要、安全规则,精神奕奕,充满活力,整齐清洁。	

二、文明服务要求

(一) 语言文明

1. 五声

(1) 欢迎声：服务员见客人主动打招呼"欢迎光临！""请问需要什么？""你好，请问可以为您做点什么？"等。

(2) 欢送声：客人离开时，服务员和有关工作者应说"再见，欢迎您再次光临！"等。

(3) 问候声：在公共场所遇客人应说"您好！""晚上好！"客人生日或其他纪念日要主动表示祝贺应说"祝你生日快乐！"以示问候。

(4) 致谢声：为客人提供任何一项服务时，都需要认识到客人是上帝，对于他们对公司生意的照顾，都需要表示衷心的感谢，每完成一个步骤都应说"谢谢！"如客人点完菜、付完账等都要有此声。

(5) 道歉声：打扰客人，请客人帮忙时应说"对不起"等。

2. 十一字

您、您好、请、谢谢、对不起、再见！

(二) 态度文明

1. 主动

从友善愿望出发，真心诚意地为客人服务，以诚待客，讲究礼貌，取得客人的尊重和信任。

2. 热情

要求服务人员对工作有肯定的认识，对客人有深切的了解，富有同情心，能够发自内心的满腔热情为客人服务。

3. 耐心

表现对本职工作的热爱，对客人提出的各种各样的合理要求能尽力满足。

4. 周到

要全方位为客人着想。

(三) 动作文明

1. 举止文雅

服务人员在为客人服务时，不允许出现不雅的举止，如吸烟、修指甲、剔牙、抠鼻、抓痒等。

2. 要做到"二轻四勤"

走路轻、操作轻；眼勤、手勤、嘴勤、脚勤。

三、酒吧岗位服务用语

(一) 吧台服务用语

1. 当客人进门时

(1) 先生/小姐，晚上好！请问您有预定了吗？请问您有几位？

(2) 这边请！您请坐！

(3) 您好,请问您订的是包厢还是大厅?
(4) 请问您订的是哪间包厢?请问您订的是几号台?
(5) 请问是哪位先生/小姐订的?
(6) 您好,麻烦您说出订台的先生/小姐的电话号码,谢谢!
(7) 好的,这张桌(包厢)是××先生/小姐订的,您请坐,祝您玩得开心。

2. 建议客人存包时

晚上好,为了让您玩的轻松愉快,酒吧设有存包处,请问需要存包和衣服吗?

3. 当客人坐下时

您好,请问现在可以点单了吗?这是我们的酒水单,请问喝洋酒还是啤酒?

4. 点单介绍程序

请问今天喝什么酒?给您介绍喝洋酒,现在的时尚喝法是洋酒勾兑……(啤酒是一打还是半打?)

酒(洋酒、鸡尾酒、啤酒、红酒)→果盘→吧台小吃→厨房小吃→纸巾

5. 当客人点完单时

打扰一下,您点了(重复点单)……一共是××元,现收您××元,(注意验钱)谢谢。

6. 上酒时

(1) 请问您点的酒可以打开了吗?
(2) 需要为您勾兑吗?
(3) 好的,祝您玩得开心!

7. 上物品时

对不起,打扰一下,让你们久等了,这是您点的××,请慢用!

8. 巡台时

对不起,打扰一下!帮您换个烟缸(撤空碟、撤空杯、清理桌面等)。

9. 当客人打烂物品时

您好,打扰一下,请问您有没有受伤?不过您打烂此物是要买单的。谢谢,××元。

10. 发现客人寻台时

您好,请问有位子了吗?您有几位?这边请!

11. 当客满时

对不起,现在已经满场了,您看晚些再过来或是下次早些订台,好吗?谢谢!

12. 建议二次点单时

对不起,打扰一下。请问还需要继续加酒(小吃)吗?

13. 当客人自带酒水时

(1) 对不起,本店谢绝自带酒水。
(2) 建议您打包放在吧台帮您保存,等走时再给您拿走。
(3) 如您执意要饮用,则按售价10%收服务费。望您谅解一下,谢谢!

14. 当客人暂时离开时

好的,请把您的个人物品拿好,这张台仅暂留5分钟。

15. 当客人走时

先生/小姐,请慢走!

16. 当收到假币时

对不起,打扰一下,本酒吧收银台无法验收这张人民币,请换一张好吗?

(二) 存包处服务用语

(1) 您好!请问存包是吗?

(2) 先生/小姐,贵重物品请自行保管。

(3) 请在牌号栏写上您的名字。

(4) 请在备注栏写上您所存的物品。

(5) 您好,请拿好您的存包牌,祝您玩得开心!

(三) 电话接待服务用语

1. 咨询

您好,××酒吧。请问有什么可以帮助您吗?

2. 订台(包厢)

您好,××酒吧。请问有什么可以帮助您吗?

请订包厢!请问您有几位?

您贵姓?方便留下您的联系号码吗?

(正确记录并复述一遍:日期、包厢名、最低消费额、预留时间,确认无误后让客人先挂电话。)

3. 大厅

您好,××酒吧。

请问有什么可以帮助您吗?

请订台,请问有几位?

您贵姓?方便留下您的联系号码吗?

(正确记录并复述一遍:日期、台名、预留时间,确认无误后让客人先挂电话。)

4. 遗失物品

您好,××酒吧。请问有什么可以帮助您吗?

您遗失了什么物品?(记录物品的名称、颜色、型号等)

请留下您的联系号码。您贵姓?

(正确记录并复述一遍。)

(四) 保洁员服务用语

1. 在洗手间

* 当看到客人时:先生/小姐,晚上好!

* 做卫生时:(拖扫时)对不起,请让一下。

　　　　　 (蹲位)(敲门三下)请问有人吗?

* 发现客人酒醉时:(摔倒时)搀扶。您没事吧?需要帮助吗?

　　　　　　　　 (呕吐时)给客人递纸并清扫。需要帮助吗?

　　　　　　　　 (昏在蹲位时)搀扶。您好,需要帮助吗?

＊发现客人遗留物品时：（确认）您好，这是您的××。不客气。
（如不确定则上交经理处）。

2. 清扫大厅时

对不起，请让一下。不好意思！不小心碰着您。

（五）后勤部维修人员服务用语

（敲三下门）您好！

请问有什么可以帮助您吗？

好的，您还有什么要求吗？

如还出现问题，请您再通知服务员。

（六）收银员服务用语

＊对服务员：您好，收您80元，找您20元。
　　　　　　对不起，这张人民币验钞无法验收，请找客人换一张。

＊对客人：您好，请问您有什么事吗？
　　　　　好的，马上帮您打发票。（核实）
　　　　　共收您××元，找您××元，谢谢！

三　酒吧服务技艺

一、酒吧服务礼仪姿态

服务员礼仪、姿态展示

行走　　　　　　　　　　　站立

蹲姿一　蹲姿二

坐姿一　坐姿二

（一）站立

（1）男：左脚向前迈一小步与肩同宽，两脚尖向正前方，身体重心落于两脚上，身体直立，双手交叉于背后，右手抓左手手腕。

(2)女:双脚呈V字形,一脚侧靠于另一脚的内侧前端处,身体重心可落于双脚上,也可以落于一脚上,身体直立,双手放在腹前交叉,右手掌轻盖在左手掌上,四指并拢(以军姿为基本姿势)。

注:嘴微闭,面带笑容,目视正前方,目光扫动。

(二)行走

(1)标准姿态:挺胸、收腹、沉肩、垂肘,身体重心略向前倾,低抬腿,轻落步,不出大声响,不拖腿,走态自然大方。两肩平齐,表现精神饱满,富有朝气。

(2)头部:略收下颌,鼻口喉一条线,不可摇头晃脑或昂首过度,庄重谦虚。

(3)目光:平视前方,用余光照顾两翼上下,不要左顾右盼或斜视,不要盯住两侧或上下某一点,避免碰撞他人或他物。

(4)手臂:垂直前后自动摆动20度,摆手不打弯,不要手插兜或打响指,不与他人并膀拉手或勾肩搭背,尽量减少行走时的范围。

(5)步速:不迈碎步或大跨步,步子稳重,不得以任何借口奔跑、跳跃,避免给人以懒散印象以及造成紧张气氛。

(6)引领:走在客人前方两侧,时时注意用余光回顾客人是否跟上。

(7)三人行礼仪:右边、中间为高位,自己应靠左边行走,手势使用左手"请"姿。

(8)礼让:对迎面来之客人应侧身礼让,不要超越同行的客人。感到后面来客人行速较快时应避让,不与客人争道抢行。因工作需要必须超越或穿行客人时要礼貌致敬,招呼"打扰一下""不好意思"之类的礼貌用语。

(三)蹲拾

上身正直,肩部放松,左(右)脚往前一步,右(左)脚不动(物品置于脚前方不远处),整个身体往下蹲,拾起物品立即站直,身体不可向前倾或撅起臀部,特别对客人。

(四)指示

左手或右手五指并拢,按指示的高低、远近、左右,从身体侧面抬起手臂为客人指示。不得用手指或笔杆等物为客人指示方向。

(五)鞠躬

站立的动作上操作。头、颈、腰、臂、腿呈一直线,以腰为轴上身向前倾15度,注意头、颈、腰仍要保持在一直线上,面带微笑,注视对方三角区(两眼与鼻之间的三角区)。

(六)拉椅

根据不同的椅子为客人拉椅。注意:不可将椅子拉太远或不及时推入,避免客人坐空。

(七)进门

左手食指关节处轻敲门2~3下,待客人说"请进"或稍等片刻后进入,面带微笑并立即关门;出门时应面对客人,左手伸至身后开门,后退出门并立即关门。不可不敲门(无论是有客或无客还是门开着),出门时不能背对客人。

二、托盘服务技艺

（一）托盘方法及要领

左手臂自然弯曲成90度、大臂垂直、小臂至90度平伸于胸前、左手于胸前、左手掌伸开、五指分开掌心向上。指尖用力托盘后（底部中心）将托盘手掌与托盘底托实、掌握平衡。（右手自然摆动或背于身后腰间）

（二）理托

根据物品选择干净托盘。

（三）装托

根据物品形状大小及出品的先后顺序，合理装盘（物品高度、重量、大小），一般较重的、较高的摆放在里档，较轻的、低矮的物品摆放在外档，重量分布得当。

（四）起托

应半蹲身体，右手拉出托盘边缘1/3，左手伸入托盘底，将托盘拉离桌面后站直身体。

（五）走托

行走时要注意周围，以免发生意外碰撞，遇到阻碍物时可用右手保护托盘及时相扶。头正肩平，目视前方，步伐轻捷均匀，双脚行走呈一直线，稳步行进。

（六）落托

半蹲身体，将托盘的1/3放在桌上，右手将托盘完全推至桌上。

三、斟酒技艺

（一）持瓶姿势

右手叉开拇指并拢四指，掌心贴于瓶身中下部、酒瓶商标的另一方，四指用力均匀，使得酒瓶稳握在手中。采用这种方法，可避免酒液晃动，防止手颤。

斟酒时的用力：右手大臂与身体呈90度，小臂弯曲呈45度角，双臂以肩为轴，小臂用力运用腕部的活动将酒斟至杯中，腕力用得活，斟酒时握瓶及倾倒的角度的控制就感到自如，腕力用得巧，斟酒时酒的流出量就准确。斟酒时忌讳大臂用力及大臂与身体之间角度过大，影响客人的视线并迫使客人闪躲。

（二）斟酒时的站姿

斟酒服务开始时，服务员先应呈直立式持瓶站立（注意将酒瓶上的商标全部暴露在外，以便让客人确认，也表示对客人的尊重、核实酒无差错、证明质量），左手下垂或背于身后，右手持瓶，小臂呈45度角，向杯中斟酒时，瓶口与杯口相距1.5厘米左右（瓶口不可贴杯口，有碍卫生及发出声响），上身略向前倾，酒液斟至离酒杯口3厘米左右，右手利用腕部的旋转将瓶口顺时针方向转至自己身体一侧。斟酒完毕身体恢复直立、向杯中斟酒时切忌弯腰、探头或直立。

（三）斟酒站位

服务员应站在客人右侧身后，右脚在前，插在两位客人的座椅中间，左脚在后，左脚尖着地呈后蹬姿势，使身体向左侧略斜，服务员面向客人，右手持瓶，瓶口在客人左侧，依次斟酒。

每一次更换位置时，做到进退有序。退时，左脚脚掌先落地后，右脚撤回与左腿并齐，使得身体恢复原状，再次斟酒时，左脚先向前一步，右脚跟上跨半边，形成规律的进退，使斟酒服务的整体过程潇洒大方。

忌将身体靠着客人，但也不要离得太远，更不可一次为两位客人斟酒，也不可反手斟酒。

四、斟酒服务

在客人决定喝何种酒水后，服务员应正确填单，取用酒水，并检查其质量。根据酒的不同类型进行冰镇或温热处理。

（一）准备酒杯

根据酒水种类为客人准备相应的酒杯，并按规定要求摆放好。

（二）示瓶

如客人点用较为名贵的酒水，服务员应向客人展示酒瓶上包括包装盒上的商标。

1. 示瓶方法

服务员站在客人的右侧；左手托瓶底，右手持瓶颈；酒瓶的商标朝向客人，让客人辨认商标，直至客人点头认可。

2. 示瓶目的

避免差错；对客人的尊重；证明商品的可靠性。

(三) 开瓶

在客人确认酒水的品种及质量后,服务员应使用正确的开瓶器开启瓶盖。供酒时应选备一只良好的开瓶塞的拔塞钻,最好是带有横把及刀子的"T"字形的自动开瓶器,其螺旋钻能藏于柄内,使用时可减少麻烦。

1. 葡萄酒的开瓶

割破锡箔(在瓶口,用刀往下割),把瓶口擦拭干净,拔软木塞,再度把瓶口擦拭清洁。其进行方法是首先除去瓶盖外套,至瓶口下 1/4 时,用布擦净后将拔瓶钻自瓶塞顶部中心穿入,旋转至全部没入,再徐徐抽出瓶塞。如骤然抽动,因为软木塞很脆,可能折损破裂。如是钟形瓶塞,按瓶钻则可在餐桌上开取,最好在开始抽出时,将拔瓶钻稍微旋转,并向右转,瓶塞抽出后,将瓶口拭净,以备斟酒。

2. 起泡酒的开瓶

气泡酒因为瓶内有气压,故软木塞的外面有铁丝帽,以防软木塞被弹出。其开瓶的步骤:把瓶口的铁丝与锡箔剥掉,以 45 度的角度拿着酒瓶,拇指压紧木塞并将酒瓶扭转一下,使软木塞松开,等瓶内的气压弹出软木塞后,继续压紧软木塞并以 45 度的角度拿紧酒瓶。其进行方法:首先将酒瓶外包锡箔自顶至颈下 4 厘米处割除,然后将丝环解开,用拇指紧压瓶塞,以防酒骤然冲出(如用右手则以右拇指压在瓶塞上),另一只手握瓶底部,将瓶徐徐向一方转动,并保持斜度 45 度,转动酒瓶,瓶塞不动。此为熟手的秘密。假如瓶内压力不足以将瓶塞顶出,可将瓶塞慢慢自边推动,瓶塞离瓶时,将塞握住。

开启含有碳酸的饮料如啤酒等时,应将瓶子远离客人,并且将瓶身倾斜,以免液体溢至客人身上。

(四) 斟酒倒法

(1) 正确的做法是,开启酒瓶后,可先闻一下瓶塞(因有时瓶塞会腐烂)。斟酒前将酒瓶口擦拭干净,手持酒瓶时要小心,勿振荡起瓶中的沉淀。以标签对着客人,先斟少许在主人或点酒的客人杯中请其品尝,经同意后再进行斟酒。酒杯放在桌上,不要举起,且不斟满过 3/4,最好较半杯多一点。倒红酒时,瓶口尽量靠近杯沿慢慢地倒。收瓶的要领是,当酒瓶将离开酒杯昂起时,慢慢将瓶口向右上转动,如此才不会使留在瓶口边缘的酒液滴下弄污桌布。

(2)陈年的红葡萄酒须装在特别的酒篮里,避免搅乱沉淀,要保持平稳,为了尽量少动酒瓶,可把杯子从桌上拿起,瓶口靠紧杯沿慢慢地斟倒。

(3)倒白酒时,酒瓶从冰桶取出时须先擦净瓶上的水分,直接倒进餐桌上的酒杯中,勿用手去拿酒杯,以免手温加热酒杯,影响冷却的效果。斟酒时从杯沿开始倒,再逐渐抬高酒瓶到离杯10厘米处结束。

(4)对于起泡的葡萄酒或香槟酒以及啤酒类,斟酒时采用两倒法。两倒法包含有2次动作。初倒时,酒液冲到杯底会起很多的泡沫,等泡沫约达酒杯边缘时停止倾倒,稍待片刻,至泡沫下降后再倒第二次,继续斟满至2/3或3/4杯。斟酒不能太快,切忌把酒中二氧化碳冲起来,不易控制以致泡沫溢流杯外。每次斟满所有的酒杯后,将酒仍置回冷处或冰桶中,以保持发泡性酒的冷度,并可防止发泡。

(5)倒啤酒的最佳方法是斜倾酒杯,顺着杯壁慢慢地斟,这是缩短瓶口"冲着点"的距离,冲力减弱,就没有气泡发生。倒了半杯程度,渐渐执正酒杯,第二次注入杯水的正中,至在表面冲起一层泡沫,但勿使其溢出酒杯,这一层泡沫有保持酒液中二氧化碳的作用。要领是:起初慢慢地斟,中途略猛地斟,最后是轻轻地斟。此外,补斟的酒不好喝,必须喝光再重新斟满。

(五)斟酒服务顺序

依惯例先倾入约1/4的酒在主人杯中,以表明此酒正常,等主人品尝后,再开始给全桌斟酒。斟酒时由右方开始(反时针方向),先斟满女客酒杯,然后斟满男客酒杯。如是宴会团体,则先给坐在主人右边的客人斟酒,最后给主人斟满再退回(这也是再斟酒时的顺序),或将酒瓶传请其自斟。无论如何,当客人酒杯全部斟满后,才能斟满主人酒杯。只有在斟啤酒及起泡葡萄酒或陈年红葡萄酒时,才可以把酒杯拿到手上而不失礼。

考 核 指 南

1. 基础知识部分 (笔试或口试)
(1)简单描述酒吧的组织结构。

（2）酒水部酒吧主管、领班、调酒师、酒吧服务员、吧员的岗位职责。

2. 服务技能部分 （实训室现场操作）

（1）站姿、走姿练习、服务礼仪练习。

（2）模拟酒吧吧台、存包、电话接待等岗位服务用语。

（3）托盘考核。

（4）斟酒考核。

专题三　酒单介绍

一　酒单概述

【学习目标】

1. 了解酒单的意义、分类。
2. 掌握酒单的基本构成因素。
3. 了解酒单制作的规格和要求。
4. 熟悉酒单定价的原则和方法。
5. 掌握国内外酒单的具体分类。

酒单是沟通客人和酒吧经营者的桥梁，是酒吧无声的推销员，是酒吧管理的重要工具。酒单在酒吧经营和管理中起着非常重要的作用。一份合格的酒单应反映酒吧的经营特色，衬托酒吧的气氛，为酒吧带来经济效益。同时，酒单作为一种艺术品，能给客人留下美好的印象。因此，酒单的策划绝不仅仅是把一些酒名简单地罗列在几张纸上，而是调酒师、酒吧管理人员、艺术家们经过集思广益、群策群力，才将客人喜爱的而又能反映酒吧经营特色的酒水产品印制在酒单上。

一、酒单意义

（1）酒单是酒吧业务经营计划的基础。酒吧的业务经营从酒单设计到原料采购、验收、储藏、领发、制作、销售服务与结账收款等业务环节，都是以酒吧经营计划中的目标为基础。酒单不仅规定了采购的内容，而且还支配着酒吧销售和服务等其他业务环节，影响着整个服务系统。

（2）酒单直接关系到酒吧的设备设施与用品的品种质量、规格及购物数量，决定着酒吧的各级各类人员的选用和培训标准和要求，并在一定程度上反映了酒吧经营计划中的目标盈利能力。

（3）酒单标志着酒吧经营的标准和特色。通过标准酒单，形成酒吧产品的理想销售特色,还对某些饮品进行了原料及配制方法的简单描述,因此说酒单标志着酒吧经营的标准和特色,从而达到烘托其产品特色与效果的目的。

(4)酒单是沟通消费者与经营者之间关系的桥梁。酒吧经营者通过酒单向顾客展示所消费产品的种类、价格与服务,进行酒品广告宣传,激发消费者的消费需求,促进消费者接受饮品消费服务。同时及时了解顾客消费需求情况,从而不断改进饮品和服务质量,使得酒吧盈利。

二、酒单分类

酒单的内容主要由名称、数量、价格及描述四部分组成。具体有如下酒单分类形式。

(一)按照提供服务形式分类

1. 桌面点单

桌单是将具有画面、照片等的酒单折成三角或立体形,立于桌面,每桌固定一份,客人一坐下便可自由阅览,这种酒单多用于以娱乐为主及吧台小、品种少的酒吧,简明扼要,立意突出。

2. 活页手单

手单最常见,常用于经营品种多、大吧台的酒吧,客人入座后再递上印制精美的酒单。手单中,活页式酒单也是可采用的,活页式酒单便于更换。如果调整品种、价格、撤换活页等,用活页酒单就方便多了,也可将季节性品种采用活页,定活结合,给人以方便灵活的感觉。

3. 悬挂式酒单

悬挂式酒单也可采用,一般在门庭处吊挂或张贴,配以醒目的彩色线条、花边,具有美化及广告宣传的双重效果。

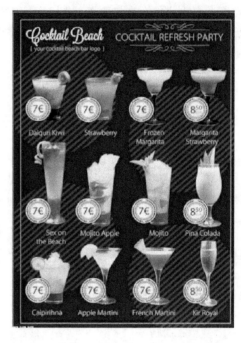

(二)按照酒吧经营特色分类

1. 酒吧酒单

酒吧酒单主要指在酒店、饭店宾馆的大堂上提供的各式酒水饮料与食品的酒单。其特点是酒水的品种比较齐全,反映的内容简明扼要,方便顾客浏览阅读。

2. 主酒吧（鸡尾酒）酒单

主酒吧是提供酒水服务的主要场所，因而酒水品种比较齐全，品种差别不大。高档酒吧所提供的酒水名贵些，品种也多些；低档酒吧提供的酒水档次低些，品种也少些。有些主酒吧还提供快餐、小吃和点心等，这些都反映在酒单上。

3. 西餐厅酒单

西餐厅酒单一般根据就餐的环节来制作，分为餐前、餐中、餐后的不同饮品，餐前有鸡尾酒、利口酒、啤酒、葡萄酒、软饮料等，餐中有佐餐酒、甜食酒，餐后有葡萄酒、白兰地酒以及各种热饮。

三、酒单构成因素

（一）酒水品种

酒单中的各种酒水应按照它们的特点进行分类，然后再以类别排列各种酒品，比如分烈性酒、葡萄酒、利口酒、鸡尾酒、饮料等类别。一些酒吧按照人们用餐时饮用酒水的习惯，将酒水按开胃酒、餐酒、烈性酒、鸡尾酒、利口酒和软饮料等进行分类，然后在每一类酒水中再筹划适当数量有特色的酒水。酒单中的酒水最多分为20类，每类约4～10个品种，并尽量使它们数量平衡。越是星级较高的饭店的酒吧，其酒单分类越详细，如可将威士忌酒分为四类：普通威士忌酒、优质威士忌酒、波旁威士忌酒和加拿大威士忌酒；将白兰地酒分为两类：普通科涅克和高级科涅克等；将鸡尾酒分为两大类：短饮类鸡尾酒和长饮类鸡尾酒；将无酒精饮品分为茶、咖啡、果汁、汽水及混合饮料五大类等，再加上其他酒水产品共计约有20种酒水类别。这种详细分类方法的优点是便于客人选择酒水，使每一类酒水的品种数量减少到3～4个，客人可以一目了然。同时，使得各种酒水的品种数量平衡，使酒单显得规范、整齐并容易阅读。此外，选择酒水时，应注意到它们的味道、特点、产地、级别、年限及价格的互补性，使酒单上的每一种酒水产品都具有自己的特色。

1. 国外酒吧对饮料的习惯分类

餐前酒（或称开胃酒）	Aperittifs
雪利酒和波特酒	Sherry and Port
鸡尾酒	Cocktail
无酒精鸡尾酒	No Alcoholic Cocktails
长饮（冷饮）	Long Drinks

威士忌	Whisky
朗姆酒	Rum
金酒	Gin
伏特加	Vodka
烈酒	Spirits
科涅克	Cognac
利口甜酒（餐后甜酒）	Liqueurs
啤酒	Beer
特选葡萄酒	House Wine
软饮料、矿泉水	Soft Drinks, Mineral Waters
热饮	Hot Beverage
果汁	Juices
小吃果拼	Snacks

不同类型和档次的酒吧、餐厅、娱乐厅等场所，酒单上所设的酒品类别也各异。

2. 我国对酒吧经营品种的习惯分类

烈性酒类	Liquors
鸡尾酒及混合饮料	Cocktails & Mixed drinks
葡萄酒、果酒类	Wines & Fruit Wines
啤酒	Beers
软饮料	Soft Drinks
热饮	Hot Beverage
果拼	Fruit Desserts
佐酒小吃	Snacks

（二）酒水名称

酒水名称是酒单的中心内容，酒水名称直接影响客人对酒水的选择。因此，酒水名称首先要真实，尤其是鸡尾酒的名称要真实，这样才是名副其实的酒水产品。命名时可按饮品的原材料、配料、饮品、调制出来的形态命名，也可以按饮品的口感冠以幽默的名称，还可针对客人搜奇猎异的心理，抓住饮品的特色加以夸张等。酒水产品必须与酒品名称相符，夸张的酒水名称、不符合质量的酒水产品必然导致经营失败。尤其是鸡尾酒的质量一定要符合其名称的投料标准。最后，外文的名称也很重要，酒单上的英文名称及翻译后的中文名称的正确性都是酒单上的重要部分，不得忽视，否则，客人对酒单会失去信任。

1. 开胃酒

开胃酒是餐前饮用的酒水，具有生津、开胃，增进食欲的功效。常用作开胃酒的烈性酒有马天尼、仙山露、潘诺酒和金巴利。其中，金巴利可根据需要配橙汁加冰，在餐前饮用。开胃酒按每杯或每盎司基酒销售。配料价一般不计。

2. 鸡尾酒

鸡尾酒是用一种或一种以上烈酒，加软饮料、果汁饮料、冰等调制而成的混合酒。鸡尾酒与上述开胃酒不同，不是按客人个人的需要，而是根据销售成功的固定配方配制、以业内已为人熟悉的名称命名的。

鸡尾酒通常分长饮、短饮或无酒精饮料被列在酒单上。鸡尾酒需要调酒师当场配制并需要装饰点缀，因此价格要高于主要配料，按每份或每杯计价。

3. 波特酒

波特酒通常作开胃酒餐前用。有的酒单不将其另归一类，而是列在开胃酒里；有的则另设一类，以波特酒与雪利酒作标题。该类酒干口味的在餐前用，甜口味的可在餐前用也可在餐后用，在酒单上以每杯计价。

4. 金酒

金酒在酒吧可放入冰箱或冰桶中冰镇纯饮，也可加冰块饮用。金酒兑水饮用时，通常加入汤力水，并以一片柠檬做装饰。用金酒配制的鸡尾酒通常在餐前饮用。

5. 朗姆酒

朗姆酒在酒吧中通常作为配制鸡尾酒的基酒。朗姆混合酒通常用于餐前，有的也可在餐后饮用。

6. 伏特加酒

伏特加可以在餐前、餐后及酒吧纯饮，用利口酒杯服务；也可加冰块饮用，用古典杯服务；还可以加软饮料或水及冰块调和饮用。

7. 威士忌

威士忌可以纯饮或用水、汽水或苏打水加冰块混合饮用。威士忌一般在餐前或餐后饮用。酒单上的威士忌往往分成苏格兰威士忌、波本威士忌和加拿大威士忌等几类。酒单上按每盎司威士忌基酒计价。

8. 葡萄酒

鸡尾酒或许是餐前最理想的饮料，干邑白兰地、利口酒或许为餐后的最佳酒水。葡萄酒却在餐前、餐间和餐后都宜喝，主要用于佐餐，一般纯饮。白葡萄酒通常须放在冰箱或冰桶中或加冰块冰镇。葡萄酒也可加苏打水和冰水调稀佐餐饮用。葡萄酒在酒单中通常按每瓶、每半瓶和每杯销售。

9. 干邑白兰地

干邑白兰地在餐前或餐后饮用。干邑在餐前饮用时，用白兰地杯，手握杯体温热酒后饮用。白兰地在餐后饮用，采用常温纯饮，有的客人加糖饮用。白兰地除纯饮外还可以加汽水或苏打水混合饮用。雅马邑一般用于餐后。酒单上的干邑和白兰地一般按零杯或每盎司计价。常用的干邑有拿破仑、马爹利、人头马、轩尼诗系列酒，酒单上的"X.O"和"V.S.O.P"表示酒的质量和酒龄。

10. 利口酒

利口酒也称餐后甜酒。顾名思义，该类酒为餐后饮用的酒水，以助消化，有少数酒也可作开胃酒。酒单通常以每杯计价。酒单中常采用的餐后甜酒有樱桃白兰地、薄荷酒、可可甜酒、君度和香橙酒等。价格通常低于鸡尾酒。

11. 啤酒

酒吧一般供应罐装和瓶装啤酒，最常用的牌子是喜力、百威、生力、嘉士伯和青岛，以每罐计价。有的酒吧也供应生啤，以每扎计价。

12. 软饮料

软饮料的品种在酒单中常用的有可口可乐、雪碧、苏打水、汤力水、矿泉水和橘子汁。通常以每罐计价。

13. 鲜榨果汁

鲜榨果汁常采用应季新鲜的水果,用榨水果机现榨而成,通常现榨的果汁有西瓜汁、橙汁、葡萄汁、菠萝汁、芒果汁等。现在也常用蔬菜榨汁,有番茄汁、胡萝卜汁等。一般以每杯或每瓶计价。

14. 热饮料

热饮料通常包括咖啡、牛奶、各类茶和可可等。讲究的酒吧的酒单取各国名牌咖啡豆,制作鲜磨咖啡。茶有英国红茶、柠檬茶、参茶。热饮料以每杯计价。茶水以每壶计价。热饮料与软饮料通常为酒单上价格最低的饮料。

（三）酒水价格

酒单上应该明确地注明酒水的价格。如果在酒吧服务中加收服务费,则必须在酒单上加以注明;若有价格变动应立即更改酒单,否则酒单将失去推销工具的功能。

（四）销售单位

所谓销售单位是指酒单上在价格右侧注明的计量单位,如瓶、杯、盎司(OZ)等。销售单位是酒单上不可缺少的内容之一。如对白兰地酒、威士忌酒等烈性酒注明销售单位为1盎司(OZ),对葡萄酒的销售单位注明为杯(Cup)(一般是2盎司)、1/4瓶(Quarter)、半瓶(Half)、整瓶(Bottle)等。

（五）酒品介绍

酒品介绍是酒单上对某些酒水产品的解释或介绍,尤其是对鸡尾酒的介绍。酒品介绍以精练的语言帮助客人认识酒水产品的主要原料、特色及用途,使客人可以在短时间内完成对酒水产品的选择,从而提高服务效率。对某些新推出或引进的饮品应给客人一个明确的描述,客人了解其配料、口味、做法及饮用方法,对一些特色饮品可配彩照,以增加真实感。

（六）葡萄酒名称代码

在葡萄酒单上的葡萄酒名称的左边常有数字,这些数字是酒吧管理人员为方便客人选择葡萄酒而设计的代码。由于葡萄酒来自许多国家,其名称很难识别和阅读,以代码代替酒水,方便了客人和服务员,增加了葡萄酒的销售量。

（七）广告信息

一些酒吧在酒单上注明该酒吧的名称、地址和联系电话,这样,酒单又起着广告的作用,使酒单成为客人和酒吧的联系纽带。

二 酒单制作

一、酒单制作要点

酒单的制作是一项技巧与艺术相结合的工作,应综合考虑以下一些因素。

（一）酒单的样式应多样化

一个好的酒单设计，要给人秀外慧中的感觉，酒单形式、颜色等都要和酒吧的水准、气氛相适应，所以，酒单的形式应不拘一格。酒单的形式可采用桌单、手单及悬挂式酒单三种。从样式看可采用长方形、圆形，或类似圆形的心形、椭圆形等样式。

（二）酒单的广告和推销效果

酒单不仅是酒吧与客人间沟通的工具，还应具有宣传广告效果。满意的客人不仅是酒吧的服务对象，也是义务推销员，有的酒吧在其酒单扉页上除印制精美的色彩及图案外，还配以词语优美的小诗或特殊的祝福语，具有文化气息。同时，加深酒吧的经营立意，并拉近与客人间的心灵距离。

酒单封面与里层图案均要精美，且必须适合于酒吧的经营风格，封面通常印有酒吧的名称和标志。酒单尺寸的大小要与酒吧销售饮料品种的多少相对应。

酒单上各类品种一般用中英文对照，以阿拉伯数字排列编号和标明价格。字体印刷端正，使客人在酒吧的光线下容易看清。每类品种的标题字体与其他字体有所区别，既美观又突出。

（三）用纸选择

一般来说，酒单的印制从耐久性和观赏性方面考虑，应使用重磅的铜版纸或特种纸。纸张要求厚并具有防水、防污的特点。纸张的颜色有纯白、柔和素淡、浓艳重彩之分，通过不同色纸的使用，使酒单增添不同色彩。此外，纸张可以用不同的方法折叠成不同形状，除了可切割成最常见的正方形或长方形外，还可以特别设计成各种特殊的形状，让酒单设计更富有趣味性和艺术性。

（四）色彩运用

色彩设计，须根据成本和经营者所希望产生的效果来决定用色的多少。颜色种类越多，印刷的成本就越高；单色菜单成本最低，所以不宜用过多的颜色，通常用四色就能得到色谱中所有的颜色。

酒单设计中如使用两色，最简便的办法是将类别标题印成彩色，如红色、蓝色、棕色、绿色或金色，具体商品名称用黑色印刷。

（五）其他事项

设计酒单时还应注意以下问题：

1. 排列

一般是将受客人欢迎的商品或酒吧计划重点推销的酒品放在前几项或后几项，即酒单的首尾位置及某种类的首尾位置。

2. 更换

酒单的品名、数量、价格等需要随时更换，不能随意涂去原来的项目或价格换成新的项目或价格。如随意涂改，反而会破坏酒单的整体美，还会给客人造成错觉，影响酒吧的信誉。所以，如果更换，必须更换整体酒单，或从一开始的设计上针对可能会更换的项目采用活页。

3. 表里一致

筹划设计酒单关键是要"货真价实"，即表里一致，而不能只做表面文章，华而不实。

二、酒单定价原则与方法

(一) 酒单定价原则

1. 价格反映产品价值的原则

酒单上饮品是观其价值为主要依据制定的,但层次高的酒吧,其定价较高些,因为该酒吧的各项费用高;地理位置好的酒吧比地理位置差的酒吧,因店租较高,其价格也可以略高一些等。

2. 适应市场供需规律的原则

就一般市场供需规律,价格围绕价值的运动,是在价格、需求和供给之间的相互调节实现的。

3. 综合考虑酒吧内外因素原则

(1) 酒吧内部因素。包括酒吧经营目标和价格目标、酒吧投资回收期以及预期效益等。

(2) 酒吧外部因素。要考虑经济趋势、法律规定、竞争程度及竞争对手定价状况、客人的消费观念等。

(二) 酒单定价方法

1. 毛利率法:销售价格 = 成本/(1 - 毛利率)

毛利率是根据经验或经营要求决定的,故也称计划毛利率。例如:1 盎司的威士忌成本为 10 元,如计划毛利率为 80%,则其销售价为:10/(1 - 80%) = 50(元)。

2. 成本定价法:(这是酒吧常用的定价方法)

原料成本系统定价法:售价 = 原料成本 × 成本系数

以该法定价需要两个关键数据:一是原料成本,二是饮品成本率,透过成本率马上可算出成本系数。原料成本数据取自于饮品实际调制过程中使用情况合计得出,它在标准酒谱上以每份饮料的标准成本列出。

例如:已知一杯啤酒的成本为 10 元,计划成本率为 40%,即定价系数为 2.5,则其售价应为:10 × 2.5 = 25(元)。

考 核 指 南

1. 基础知识部分 (笔试或口试)
(1) 按照提供服务形式酒单可以分成哪几类?(简单介绍)
(2) 按照酒吧经营特色酒单可以分成哪几类?(简单介绍)
(3) 酒单的构成因素有哪些?
2. 服务技能部分 (实训室现场操作)
(1) 掌握国内外酒单的饮品分类项目。
(2) 掌握酒单常见的酒水品种名目。

模块二

酒水服务技能

专题四　白兰地服务

【学习目标】

1. 掌握白兰地的特点及生产工艺。
2. 掌握白兰地的著名产区和著名品牌。
3. 掌握白兰地的服务酒杯和分量。
4. 掌握白兰地的饮用方法。
5. 掌握白兰地的服务程序和标准。

一　白兰地基础知识

一、白兰地概述

白兰地这一名词,最初是从荷兰文 Brandewijn 而来,它的意思是"可燃烧的酒"。白兰地是世界上最负盛名的一种烈酒,"没有白兰地的餐宴,就像没有太阳的春天"。

白兰地是以水果为原料,经过发酵、蒸馏、贮藏后酿造而成。以葡萄为原料的蒸馏酒叫葡萄白兰地。由于葡萄白兰地销量最大,往往直接称之为白兰地。以其他水果原料也可以酿造白兰地,应加上水果的名称,如苹果白兰地、樱桃白兰地等,但它们的知名度远不如前者大。

国际上通行的白兰地,酒精体积分数在40%左右,色泽金黄晶亮,具有优雅细致的葡萄果香和浓郁的陈酿木香,口味甘洌,醇美无瑕,余香萦绕不散。

二、白兰地的生产工艺

(一) 选料

多数酒厂选择高酸的葡萄作为酿造白兰地的原料。和酿造葡萄酒不同,葡萄酒酿造商偏爱果味重的葡萄,白兰地酿造商则选择果味相对轻的葡萄。因为太重的果味会让酿造出来的白兰地口味奇异,缺乏平衡。以法国为例:干邑产区的白兰地主要以白玉霓(Ugni Blanc)、白福儿(Folle Blanche)和鸽笼白(Colombard)三种葡萄为主要原料。雅文邑则以巴科22A(Baco 22A)、鸽笼白、白福儿、白玉霓这四种葡萄作为酿造原料。

(二) 取汁

取汁应在破碎葡萄后的3~5小时内进行,以防氧化和加重浸渍作用。原料破碎后,一般不采用连续压榨,因为它会使葡萄汁中的酚物质含量升高。

(三) 发酵

一般来说,在葡萄原酒的发酵过程中不需要添加任何辅助物,酒精发酵的管理和白葡萄酒酿造相同。酒精发酵结束后,将发酵罐添满,并在密封的条件下储存。

(四) 蒸馏

在酿制干邑白兰地时,葡萄在压榨后,会进行几个星期的发酵。发酵完成后,必须使用传统的铜制壶式单一蒸馏器进行蒸馏,当酒液的酒精度达到70%时,停止蒸馏。雅文邑白兰地在蒸馏时,虽然也可以使用铜制壶式单一蒸馏器,但目前大多数雅文邑酒厂为了节约人力物力,降低成本,通常都会采用柱式连续蒸馏器。使用柱式蒸馏器可以得到相对低酒精度的酒液,大约为52%。白兰地的质量一方面决定于自然条件和葡萄原酒的质量,另一方面决定于所用的蒸馏设备和方法。

(五) 陈酿

白兰地酿造完成后会被储藏在橡木桶中。不同厂家使用不同的橡木桶。在陈酿的过程中,白兰地发生了一系列的物理化学变化,这些变化赋予了白兰地特有的品质。最初白兰地的苦涩、辛辣、刺喉等特性逐渐转变为甜润、绵柔、醇厚。以法国白兰地为例蒸馏完成后的干邑白兰地会被储藏在橡木桶中至少陈酿2年,随后加水稀释装瓶出售。而雅文邑白兰地成熟后,只在橡木桶中存放很短的一段时间,然后会被转移到玻璃瓶中存放。

三、法国白兰地

世界上几乎所有的葡萄酒生产国都出产白兰地,但就品质来说要属法国生产的白兰地最好,而法国白兰地又以干邑和雅文邑两个地区生产的最为突出。

(一) 干邑(Cognac)

干邑,又可以称为"科涅克",位于法国西南部,是波尔多北部下朗德省境内的一个小镇。干邑地区的土壤、气候、雨水等自然条件特别适宜葡萄生长,所产的白兰地最纯、最好。被称为"白兰地之王"。人们常常称干邑白兰地为"干邑"。

1. 干邑白兰地的特点

干邑白兰地酒酒体柔和,具有芳醇的复合香味,口味精细讲究。酒体呈琥珀色,清亮光泽,酒度一般在40~43度左右。酿造完成后在橡木桶中储存较长的时间,获得独特的风味物质。

2. 干邑白兰地的产区

法国法律规定规定:只有在夏朗德省境内,干邑镇周围的36个县市所种植的葡萄,并在当地采摘、发酵、蒸馏和陈酿所得的白兰地才可命名为"干邑",受国家监督和保护。除此以外的任何地区都不能用"干邑"命名。1938年,法国政府根据原产地名称管制法(AOC),将

干邑分为以下六个酒区:

(1) 大香槟区(Grande Champagne):出产的葡萄能酿制出浓醇酒香、口感丰富的白兰地,但成熟所需时间较长。

(2) 小香槟区(Petite Champagne):酿出的白兰地酒质与大香槟区近似,只是略微平和,成熟所需的时间也较短。

(3) 边林区(Borderies):用此区葡萄酿的酒,黏度大、口感丰富,成熟时间更短一些。

(4) 优质林区(Fins Bois):此区葡萄成熟期较短,酿出的酒口感清新。

(5) 良质林区(Bons Bois):用此区葡萄酿的酒,酒质稀薄,一般不用它酿制高级白兰地。

(6) 普通林区(Commons Bois):一般不用于酿制高级白兰地,大都是调制时用的配酒。

干邑白兰地能在世界上赢得最高的盛誉与法国政府严格地控制质量息息相关。政府明确规定葡萄酒的品质,清楚界定种植葡萄的地区,规定葡萄的种类和酿酒规则的具体细节,同时要求酿造厂不断改善蒸馏器材,以及控制木桶内存放时间等。

3. 干邑酒白兰地的分类方法

20世纪70年代,酒厂开始使用字母来区别品质。详细内容可参照下表:

缩写标识	英文含义	酒品质量
E	Especial	特别的、特殊的
F	Fine	优良的、精美的、好的
V	Very	非常的
O	Old	古老的
S	Superior	较高的,特别的
P	Pale	淡的
X	Extra	格外的
C	Cognac	干邑
A	Armagnac	雅文邑

如此一来,干邑白兰地按照品质可以分为三级:

等级	英文标识	含义	说明
第一级	VS	Very Superior	又可以被称为三星白兰地,属于普通白兰地。法国政府规定,干邑地区生产的最年轻的白兰地只需要18个月酒龄,但厂商为保证酒的质量规定在橡木桶中必须酿藏两年半以上。
第二级	VSOP	Very Superior Old Pale	属于中档干邑白兰地,享有这种标志的干邑至少需要4年半酒龄,然而,许多酿造厂商在装瓶勾兑时,为提高酒的品质适当加入了一定量的10~15年陈酿干邑白兰地原酒。
第三级	Napoleon/ XO/ Extra	Extra Old Luxury Cognac	属于精品干邑,大多数作坊都生产质量卓越的白兰地,均是由非常陈年的优质白兰地调兑而成的。依据法国政府规定此类白兰地原酒在橡木桶中必须要酿藏6年半以上才能装瓶销售。

4. 干邑白兰地的著名品牌

如今干邑地区白兰地品牌多达 200 多个,正所谓百花齐放,各有千秋。以下列举 6 个最著名的品牌。

(1) 人头马(Remy Martin)。

人头马公司以希腊神话中的半人半马的"肯达尔斯"作为商标。人头马香槟干邑系列产品采用产自"Grand Champagne"(大香槟区)及"Petite Champagne"(小香槟区)的上等葡萄酿制而成,并始终严格控制品质。因此,法国政府授予该公司特殊荣誉——"Fine Champagne Cognac"(特优香槟干邑)。人头马的主要产品包括:人头马 V.S.O.P.、人头马俱乐部 V.S.O.P.、人头马 X.O.、人头马路易十三系列等。

(2) 轩尼诗(Hennessy)。

轩尼诗公司创建于 1765 年。创始人理查·轩尼诗,原是爱尔兰皇室侍卫。轩尼诗酒厂深知橡木桶对白兰地品质有着决定性的影响,因此特别重视橡木林的栽培和保养工作。目前他们的橡木林的数量已足够供应酒厂百年以上。轩尼诗厂是最早发明用星级来表示白兰地优劣的厂家。1870 年,轩尼诗首次推出了以 X.O. 命名的白兰地。轩尼诗的主要产品包括轩尼诗 V.S.、轩尼诗 V.S.O.P.、轩尼诗 X.O.、轩尼诗 Paradis Imperial、轩尼诗 Richard Hennessy 等。

(3) 金花(Camus)。

1863 年,约翰·柏蒂斯·金花与他的好友在法国干邑地区创办金花酒厂,并应用"Lagrande marque"(伟大的标记)作为商标。金花白兰地酒厂是干邑地区仅存的家庭企业之一。它的产品特点是品质轻淡。金花在酿造完成后用旧的橡木桶储存,目的是尽量使橡木的颜色和味道少渗入酒液中,由此形成独特的风格。金花酒厂很重视酒瓶的包装,推出了多种漂亮玻璃瓶和瓷瓶包装,用来吸引收藏家。金花的主要产品有金花 V.S.、金花 V.S.O.P.、金花 X.O.、金花 Extra、金花 Borderies、金花 Parissimes、金花 Masterpiece Collection 等。

(4) 拿破仑(Courvoisier)。

拿破仑白兰地是法国干邑区名品。早在19世纪初期已深受拿破仑一世欣赏,到1869年被指定为拿破仑宫廷御用美酒。由于品质极佳,产品销往全世界160多个国家,并获得了许多荣誉。拿破仑酒瓶上别出心裁地印有拿破仑塑像投影。拿破仑的主要产品除Exte系列以外,还包括拿破仑V.S.、拿破仑V.S.O.P.、拿破仑X.O.、拿破仑Extra、拿破仑Succession J.S、拿破仑L Essence de 等。

(5) 百事吉(Bisquit)。

百事吉酒厂创立于1819年,已有近200年的酿造经验。百事吉酒厂用来储存干邑的橡木桶都是酒厂内部手工制作而成的。酒厂酒库内贮藏的陈年干邑,数量极为丰富,足够提供调配各级干邑产品所需的不同酒龄的原酒,因此保证产品优越的质量。百事吉主要产品包括百事吉V.S.、百事吉V.S.O.P.、百事吉X.O.、百事吉Prestige、百事吉X.O. Gold等。

(6) 马爹利(Martell)。

1715年生于英法海峡贾济岛的尚·马爹利来到了法国的干邑,并创办了马爹利公司。他所酿制的白兰地,具有"稀世罕见之美酒"的美誉。该公司生产的三星级和V.S.O.P.级产品,是世界上最受欢迎的白兰地之一。随后在中国推出的名士马爹利、X.O.马爹利和金牌马爹利,均受到好评。

(二) 雅文邑(Armagnac)

雅文邑又称阿尔玛涅克,位于干邑南部,法国西南部的热尔省境内的加斯科涅地区,以盛产深色白兰地驰名,有"加斯科涅液体黄金"的美誉,其历史整整比干邑早了两个世纪。雅文邑白兰地可以采用铜制蒸馏器或连续蒸馏器进行蒸馏,多数厂家使用连续蒸馏器来降低成本。完成蒸馏后,蒸馏液的酒精度不能大于60%,其目的是为了使蒸馏出的白兰地更充满香气。多数酒厂使用法国黑橡木桶来储存酒液。这种木材色黑,单宁多,有细小纹理,和酒接触的表面积较大,雅文邑复杂的风味,较深的颜色都是由此演变而来的。

雅文邑也是受法国法律保护的白兰地品种。只有雅文邑当地产的白兰地才可以在商标上冠以Armagnac字样。

1. 雅文邑白兰地的特点

雅文邑酒体呈琥珀色,发亮发黑,因储存时间较短,所以口味烈。雅文邑白兰地酒的香气较强,味道也比较新鲜有劲,具有阳刚风格,醇厚浓郁,回味悠长,挂杯时间较长,酒度为43°。

2. 雅文邑白兰地的产区

雅文邑内三个主要的产区包括下雅文邑(Bas Armagnac)、泰纳雷泽(Tenareze)和上雅文邑(Haut Armagnac)。下雅文邑以沙和淤泥土质为主,生产的白兰地细腻、优雅,最为消费者喜爱。泰纳雷泽地区的土质以石灰黏土为主,生产的白兰地层次丰富,更强烈,需要陈年的时间更长才能达到巅峰。而上雅文邑现如今只剩下几公顷的葡萄园,产量大不如前。总体来说,消费者更偏爱下雅文邑,但是雅文邑地区法律并没有说下雅文邑的白兰地品质最好。

3. 雅文邑白兰地的酒龄与级别

雅文邑白兰地的鉴别标准是以1、2、3、4、5来表示的,陈酿1年的酒品用1表示。陈酿2年者用2表示,以此类推。陈酿1~3年者通常用三星(Trois Etoiles)、专营(Monopole)、精选(Selection Deluxe)等表示。陈酿3年以上者会采用年份陈酿(V.O.)、精选年份陈酿(V.S.O.P.)、佳酿(Reserve)、额外陈酿(X.O.)等表示。

4. 雅文邑白兰地的著名品牌

雅文邑白兰地的著名品牌有卡斯塔浓(Castagnon)、夏博(Chabot)、珍妮(Janneau)、桑卜(Semp)等。

(1) 珍妮(Janneau)。

珍妮雅文邑始终是雅文邑白兰地的领军品牌。现在珍妮雅文邑V.S.征服了低端市场,X.O.系列在高端市场中的份额丝毫不输给干邑高级白兰地。

(2) 桑卜(Semp)。

亚伯桑卜先生于1934年创立这一品牌。他年轻的时候在当地军队中服役,退役后成为热尔省的参议员。亚伯桑卜先生非常关注桑卜白兰地的发展,他一生致力于改革和创新酿造方法。在他去世后,他的后人继续继承和发扬家族的光辉传统,把桑卜这一品牌推广到全世界。

(三) 法国白兰地(French Brandy)

除干邑和雅文邑以外的任何法国葡萄蒸馏酒都通称为白兰地。法国政府对这些白兰地的生产、酿藏没有太多的硬性规定。一般不需要经过太长时间的陈酿即可上市销售。品牌种类较多,价格低廉,质量尚可,外包装也非常讲究,在世界市场上很有竞争力,通常用来调制鸡尾酒或者混合饮料。

(四) 水果白兰地(Fruit Brandy)

除用葡萄酿造白兰地外,其他水果,如苹果、李子、梅子、樱桃、草莓、橘子等经过发酵后,同样可以制成各种白兰地,统称为水果白兰地。其中最著名的要数苹果白兰地、樱桃白兰地和杏子白兰地三种。

1. 苹果白兰地(Apple Brandy)

苹果白兰地是将苹果发酵后压榨出苹果汁,再加以蒸馏而酿制成的水果白兰地酒。美国生产的苹果白兰地酒被称为"Apple Jack",需要在橡木桶中酿藏5年才能销售。加拿大产的被称为"Pomal"。德国产的被称为"Apfelschnapps"。然而世界上最为著名的苹果白兰地酒要属法国诺曼底的卡尔瓦多斯生产的"Calvados"。"Calvados"使用不同种类,不同陈酿年数的苹果汁混合蒸馏而成。该酒呈琥珀色,光泽明亮,果香浓郁,口味微甜。酒度在45~50度,一般"Calvados"的苹果白兰地酒需要在橡木桶中陈酿2年才能上市销售,但是常见的"calvados"都是5年或者10年陈酿。

2. 樱桃白兰地(Cherry Brandy)

樱桃白兰地在酿造时必须把果蒂去掉,将果实压榨后加水使其发酵,然后经过蒸馏,迅速装瓶来保留樱桃香气。酒液呈深红色,主要产地包括法国的阿尔萨斯、德国的斯瓦兹沃特、瑞士和东欧等地区。

3. 杏子白兰地(Apricot Brandy)

杏子白兰地的酿造方法和樱桃白兰地极其相似。酿造时,加入杏子汁并且将杏子核打碎,在酒中加入微弱的杏仁味道,蒸馏后迅速装瓶。酒液呈金琥珀色,主要产地包括匈牙利、奥地利、捷克、法国以及加拿大等。

(五)玛克白兰地(Marc Brandy)

"Marc"在法语中是"渣滓"的意思,因此很多人把此类白兰地酒称为葡萄渣白兰地。它是将酿制红葡萄酒时经过发酵后过滤掉的酒精含量较高的葡萄果肉、果核、果皮残渣再度蒸馏,提炼出的含酒精成分的液体,再用橡木桶将其陈酿而成的蒸馏酒。在法国许多著名的葡萄酒产地都有生产玛克白兰地。勃艮第(Bourgogne)是玛克白兰地的最著名产区。玛克白兰地的著名品牌有皮耶尔领地(Domaine Pierre)、卡慕(Camus)、玛斯尼(Massenez)、德普(Dopff)、里昂·比尔(Leon Beyer)、吉尔贝特·米克(Gilbert Miclo)等。

四、其他国家生产的白兰地

1. 西班牙（Spain）

西班牙是欧洲最早出现蒸馏酒的国家之一。中世纪时期，西班牙摩尔人的炼金术士发现了酿造蒸馏酒的方法。西班牙白兰地的酿造历史甚至比法国干邑要长。西班牙白兰地的品质仅次于法国。

西班牙白兰地通常被称为雪利白兰地。西班牙人将雪利酒作为原料，通过连续蒸馏后，再用曾经盛装过雪利酒的橡木桶贮存，酿制出来的白兰地的口味与法国白兰地大不相同，具有较显著的甜味和土壤气息。

2. 意大利（Italy）

意大利的葡萄蒸馏酒原来被称为"干邑"，1948年政府同意改用"白兰地"作为名称，并且实行了与法国干邑相统一的标准。意大利白兰地主要产区包括在北部的三个地区：艾米利亚罗马涅、威尼托和皮埃蒙特。此外西西里岛和坎帕尼亚也生产少量的白兰地。

意大利白兰地要储存2年以上才能销售，但是一般意大利白兰地都会储存6年，好的白兰地会储存10年后才上市销售。意大利白兰地口味一般来说都比较浓重，通常饮用时最好加入冰块或水，这样可以冲淡酒的烈性。

3. 美国（USA）

美国生产白兰地已有两百多年的历史，其制造过程中均采用连续式蒸馏器，故其风味是属于轻淡类型的。在美国酒类市场上，白兰地的销售量占第三位。按照美国法律，美国白兰地至少陈酿2年才能上市销售，一般是2~4年，也有陈酿多达8年的白兰地。美国出产的白兰地可分为三类：佐餐酒、高级白兰地、烈性白兰地。

美国最著名的白兰地品牌是E&J。E&J白兰地不但位居美国白兰地销售之冠，也是世界销售排行第五的白兰地品牌。E&J白兰地是在以烧焦、干燥处理过的白橡木桶内陈酿的。每个木桶酿熟的过程可使木料本身的软化效果加强葡萄细致的风味。酿造出的白兰地口感柔顺，浓郁香醇。

4. 葡萄牙（Portugal）

葡萄牙白兰地和西班牙白兰地十分相似，也是用雪利酒蒸馏而成。葡萄牙最初生产白兰地是为了酿造甜葡萄酒。后来，为使葡萄酒和白兰地的生产各司其职，葡萄牙政府就制定了一项法令：生产甜葡萄酒的产区不准生产白兰地。白兰地由专门产地生产，专门生产的白兰地高产质优，深受欢迎。葡萄牙白兰地的主要产区是杜罗河沿岸。葡萄牙白兰地香气浓郁，含糖量高，呈深棕色。

二 白兰地的饮用与服务

白兰地酒常作为开胃酒和餐后酒饮用。通常欧美人习惯把干邑白兰地酒作为开胃酒或餐后酒，而把雅文邑白兰地酒作为餐后酒。

一、酒杯与分量

一般使用白兰地杯。白兰地杯呈大肚窄口，矮脚。当酒倒入白兰地杯子后，窄口限制了酒香的消散,使得酒的香味能长时间地留在杯内。喝酒时需要用手握酒杯悠悠晃动,使掌心和杯肚接触,让掌心的热量慢慢传入酒杯中,使酒的芳香溢出。每份白兰地的标准用量为30毫升。

二、饮用方法

（一）净饮、加冰饮用

高品质的白兰地适合净饮。白兰地的品尝大致可分为三步:第一步是观察酒的清澈度与颜色。上乘白兰地为琥珀色、晶莹剔透。第二步是闻香。白兰地具有复杂的香气,第一层是果香,第二层是橡木香气。品质优越的白兰地口感柔软,入腹发热,还有诱人的水果香味和优雅醇厚的陈酿香味,口味谐调,回味绵延。第三步是品尝。第一口用舌尖抿一小滴,让其沿舌尖蔓延整个舌头,再进入喉咙;第二口可以稍多些,进一步领略温柔醇香的独特感觉。当然,白兰地也可以加冰品尝。在白兰地杯中放入3～4块冰块,然后倒入30毫升的白兰地。

（二）混合饮用

3星级别的白兰地可以混合苏打水或者其他果汁饮用。

（三）调制鸡尾酒

3星级别的白兰地也可以用于调制鸡尾酒。著名的白兰地鸡尾酒有:白兰地亚历山大、边车、白兰地奶露。

三、白兰地服务程序和标准

白兰地服务	白兰地操作标准
1. 准备酒杯及用具	（1）使用白兰地杯。 （2）杯具干净,无水迹、破口。 （3）杯垫干净,无破损,平整。 （4）托盘干净,无破损。
2. 准备酒水	（1）在吧台用量酒器将酒倒入杯中,每份30毫升。 （2）用高脚杯准备一杯冰水。
3. 服务酒水	（1）与酒水服务相同。 （2）免费配送指定小吃。

考核指南

1. 基础知识部分 （笔试或口试）
（1）干邑白兰地的酒区划分、特点和年限表示法。
（2）列举干邑白兰地和雅文邑白兰地的知名品牌。
2. 服务技能部分 （实训室现场操作）
掌握白兰地的服务流程、操作程序和标准。

专题五　威士忌服务

【学习目标】

1. 掌握苏格兰威士忌的主要生产区域、分类和特点及其主要品牌。
2. 掌握爱尔兰威士忌的主要生产区域、分类和特点及其主要品牌。
3. 掌握美国威士忌的主要生产区域、分类和特点及其主要品牌。
4. 掌握加拿大威士忌的主要生产区域、分类和特点及其主要品牌。
5. 了解威士忌酒的饮用方法。
6. 掌握威士忌酒的服务流程和标准。

一　威士忌基础知识

一、威士忌概述

这种酒以拉丁语命名意为 Aqua-Vitae（生命之水），视为长生不老之秘方。不同的国家对威士忌的写法也有差异，在爱尔兰、美国和日本写成"Whiskey"，而在苏格兰和加拿大则写成"Whisky"，发音区别在于尾音的长短。

无论在任何酒吧，品牌最多的一定是威士忌。因为其产地较多，分布较广，可以满足不同口味客人的喜好。一般酒吧会有二三十瓶产地、价格不同的威士忌，档次高一些的酒吧数量、品种更多。

二、威士忌的生产工艺

（一）选麦

威士忌酿造工艺流程的第一步是选麦。几乎所有的威士忌酒厂都有自己的大麦供货商，确保获得高质量的酿酒原料。

（二）发芽

将上等的大麦浸于水中，使其发芽。一般酿酒厂会把湿大麦铺开，放置 1 周左右。在此期间，酒厂会定期翻拌大麦，保持一定的温度来控制发芽的速度。当大麦发芽到一定程度，就会产生酶，进而产生淀粉，这些淀粉以后会变成糖。

（三）烘烤

接下来是烘干大麦。苏格兰威士忌在烘干大麦的时候通常选择使用泥炭，在烘干的过程中，威士忌吸收了泥炭的烟熏味。而其他威士忌则会使用热风来烘烤麦芽。

（四）粉碎

麦芽烘干放置一段时间后就会被磨成粉，这个过程叫粉碎。磨碎后的粉被放入一个很大的容器中，通常叫作为麦汁缸。在麦汁缸中加入煮沸的热水。麦芽粉在沸水中溶解，糖从大麦中渗出。经过过滤后，得到麦芽汁。

（五）发酵

麦芽汁冷却到70℃左右时，酒厂会加入酵母。酵母开始发酵，产生二氧化碳，麦芽汁开始起泡。经过1~2天后，糖分全部转化成酒精。

（六）蒸馏

大部分苏格兰威士忌、美国威士忌和加拿大威士忌通常会经过两次蒸馏，少数苏格兰威士忌和爱尔兰威士忌会经过三次蒸馏。这些蒸汽会通过冷凝器，凝结成液体酒精。这些液体酒精浓度较低，必须经过第二次的蒸馏才能得到酒精浓度较高的液体。少数苏格兰威士忌酿造商和多数的爱尔兰威士忌酿造商会进行第三次蒸馏。蒸馏完成后的酒液浓度可以高达70~90°。

（七）陈酿

威士忌酿造完成后会放入橡木桶中陈酿相应的时间。不同国家生产的威士忌陈年时间各不相同。在陈酿的岁月中，威士忌开始吸附酒桶中的风味物质而变色变味。不同的酒桶赋予威士忌不同的特征。

（八）装瓶

最后，陈酿完成后的威士忌经过稀释后就能装瓶出售了。

三、苏格兰威士忌（Scotch Whisky）

苏格兰法律规定只有在苏格兰境内酿造和混合的，并且必须在境内陈酿5年以上才可以被称为苏格兰威士忌。现存的最早的记录苏格兰威士忌的有关文献是1494年苏格兰财政部就有关于"生命之水"原料的记载。

（一）苏格兰威士忌的特点

苏格兰威士忌色泽棕黄带红，清澈透明，气味焦香，带有烟熏味，口感甘冽、醇厚、劲足、圆正绵柔，酒度一般在40°~43°之间。苏格兰威士忌必须陈年5年以上方可饮用，但是酒厂一般会储存更久。普通的威士忌一般会储存7~8年，中高端的威士忌一般会储存12年，优质的威士忌则会储存15~20年。极少数品质极高的威士忌会储存超过20年，通常分为30年、40年和50年三种。苏格兰威士忌是世界上最好的威士忌。

（二）苏格兰威士忌的产区

苏格兰威士忌的主要产区有五个，即高地（High Land）、斯佩塞（Speyside）、低地（Low Land）、坎贝尔镇（Campbell Town）和伊莱（Islay），这五个区域生产的威士忌各具特色。

1. 高地(High Land)

高地位于苏格兰北部,地势主要以山丘为主。高地有取之不尽的泥炭以及优质的山泉水。高地的威士忌烟熏味强烈。高地主要生产麦芽威士忌。

2. 斯佩塞(Speyside)

斯佩塞属于高地的一部分,斯佩塞地区地势以山丘为主。斯佩塞有大量的山间小溪以及苏格兰第三大河流——斯佩塞河。充足的水源,为种植大麦等原料提供了有利条件。山间的泥炭也是用之不竭。斯佩塞的威士忌口感平衡,相比其他地区的威士忌较甜。斯佩塞地区主要生产麦芽威士忌和兑和威士忌。

3. 低地(Low Land)

低地位于苏格兰南部,地势主要以平原为主。低地有少量的泥炭地,大量的麦芽种植田地和清澈纯净的水源。低地的酒厂在酿造威士忌很少用泥炭,所以这里生产的威士忌烟熏味较淡。低地生产的威士忌相比其他地区更为甘洌、芳醇。低地主要生产麦芽威士忌和兑和威士忌。

4. 坎贝尔镇(Campbell Town)

坎贝尔镇位于苏格兰南部,地势以平原为主。坎贝尔镇有少数的泥炭地,大量的麦芽种植农田和丰富的水源。坎贝尔镇生产的威士忌具有独特的海盐风味,这是由于接近海边,受到带有高盐分和腥味的海风影响。坎贝尔镇主要生产兑和威士忌。

5. 伊莱岛(Islay)

伊莱岛位于苏格兰的西南,西邻大西洋。伊莱岛有大量的泥炭沼泽地,清澈的地底泉水以及大量的大麦种植田地。伊莱岛生产的威士忌酒有独特的泥炭香气,以生产兑和威士忌为主。

(三)苏格兰威士忌的种类

苏格兰威士忌主要可以分为麦芽威士忌、谷物威士忌和兑和威士忌三种。

1. 麦芽威士忌(Malt Whisky)

麦芽威士忌是以100%的大麦芽为原料,经过泥炭烘烤、粉碎、发酵、两次蒸馏获得酒液,酒度约为60°。酿造完成后的酒液在内部由碳烤过的美国橡木桶中陈酿。陈酿时间至少5年,很多厂家会陈酿更久。装瓶前用水稀释到40°左右。麦芽威士忌香味突出,但是由于酒味过于浓烈,不宜被大众接受。因此只有10%的麦芽威士忌被直接销售,其他90%作为勾兑兑和威士忌的原酒来使用。著名的麦芽威士忌品牌有名品有:格兰菲迪(Glenflddich)、格兰特(Grant's)、麦卡伦(Macallan)、格兰威特(GlenLivet)、巴尔维尼(The Balvenie)、格兰摩里奇(Glenmorangie)、高地派克(High Land Park)、云顶(Spring Bank)等。

2. 谷物威士忌(Grain Whisky)

谷物威士忌是采用多种谷物如燕麦、黑麦、大麦、小麦、玉米等作为原料酿造的威士忌。它以麦片为糖化剂,蒸馏一次完成。由于大部分大麦不发芽所以不必使用泥煤来烘烤。因此谷物类威士忌基本没有烟熏味,口感也柔和细致了许多。谷物威士忌酒很少直接销售,主要用于勾兑威士忌酒。

3. 兑和威士忌(Blended Whisky)

兑和威士忌是用纯麦威士忌、谷物威士忌或食用酒精勾兑而成的混合威士忌。在兑和时,不仅要考虑到纯麦和谷物的兑和比例,还要顾及勾兑酒液的酒龄、产地、口味及其他特征。著名的酒厂,凭其出色的酿酒师的经验和技术,独到而保密的勾兑方式,调制出各具特色的威士忌。兑和威士忌口味多样,最为畅销,是苏格兰威士忌的主流产品。著名的兑和型威士忌品牌有百龄坛(Ballantine's)、金铃(Bell's)、芝华士(Chivas Regal)、皇室礼炮(Chivas Regal Royal Salute)、顺风(Cutty Sark)、帝王(Dewars)、添宝(Dimple)、格兰特(Grant's)、海格(Halg)、珍宝(J&B)、尊尼获加(Johnnie Walker)、教师(Teacher's)、威雀(The Famous Grouse)、白马(White Horse)等。

(四) 苏格兰威士忌的著名品牌

以下主要介绍3款麦芽威士忌和5款混合威士忌。

1. 格兰菲迪(Glenflddich)

格兰菲迪主要的产品有格兰菲迪12年、格兰菲迪15年、格兰菲迪18年、格兰菲迪30年、格兰菲迪40年、格兰菲迪50年、格兰菲迪雪凤凰、格兰菲迪探索者、格兰菲迪特殊年份系列等。

2. 麦卡伦(Macallan)

麦卡伦纯麦威士忌在国际上获得了很多的荣誉。在007电影天幕坠落中,成为邦德御用威士忌。麦卡伦威士忌的主要产品有麦卡伦18年雪利桶、麦卡伦1824系列、麦卡伦高级橡木桶等。

3. 云顶(Spring Bank)

云顶酒厂于1828年创立。其麦芽威士忌甘甜,香气浓郁,口感丝滑。有轻微的泥炭香味。厂家所使用的麦芽全部都采用地板发芽的方法。自家酿造,初次蒸馏机是直接加热蒸馏,拥有独立的装瓶设备。云顶酒厂是苏格兰唯一将整个流程全部完成的酒厂。云顶酒厂坚持不对产品进行冷却、过滤、着色等程序,保留酒液的自然状态。云顶威士忌的主要产品有云顶10年、云顶15年等。

4. 百龄坛(Ballantine's)

乔治百龄坛试着把清新淡雅的谷物威士忌和醇香浓郁的纯麦威士忌相互兑和,让人感觉到爽口的烟熏味和橡木桶芳香,还有浓郁的奶油味。2011年,百龄坛17年被评为"全球年度最佳威士忌",赋予百龄坛至高无上的殊荣。百龄坛威士忌的销量排行世界第三,在欧洲销量领先。百龄坛威士忌的主要产品有百龄坛特醇、百龄坛12年、百龄坛17年、百龄坛21年、百龄坛30年、百龄坛珍藏等。

5. 尊尼获加(Johnnie Walker)

1805 年,尊尼获加在苏格兰基尔马诺克镇上诞生。商标图案是一副"向前迈步的绅士"的漫画。1934 年,尊尼获加威士忌获得了英国皇室授予的忠诚勇士徽章,这是皇室对尊尼获加威士忌品质的认可。时至今日,尊尼获加仍然是英国皇家御用威士忌。尊尼获加的主要产品有尊尼获加红牌、尊尼获加黑牌、尊尼获加黑牌劲烈版、尊尼获加金牌、尊尼获加铂金、尊尼获加蓝牌、尊尼获加礼赞系列等。

6. 芝华士(Chivas Regal)

芝华士兄弟于 19 世纪 50 年代开创了选料艺术,并调和了多种陈年麦芽和谷物威士忌,他们调制出的威士忌口感顺滑、丰富、味道和谐。2001 年,芝华士被皮诺理查烈酒酿造公司收购。皮诺理查烈酒酿造公司始终坚持芝华士调和艺术的传统,确保芝华士的味道和口感始终如一。芝华士的主要产品有芝华士 12 年、芝华士 18 年、芝华士 25 年等。

7. 金铃(Bell's)

贝尔威士忌的主要品牌有贝尔远年苏格兰威士忌和贝尔远年苏格兰麦芽威士忌。

8. 顺风(Cutty Sark)

提到顺风威士忌,人们首先想到的是金黄色的标签上有个白色帆船的标志。在 19 世纪后半期,从中国运送红茶到苏格兰时使用的帆船就是这个名字,意为"世界上最快的帆船"。该品牌威士忌由伦敦红酒商贝利布罗斯&拉德公司开发,其主要特征是入口爽滑,绝无添加任何着色原料。顺风威士忌的主要产品有顺风 12 年、顺风 18 年、顺风 25 年、顺风暴风雨等。

四、爱尔兰威士忌（Irish Whiskey）

爱尔兰是威士忌的诞生地，至少有700多年的酿造历史。据说，1171年英格兰亨利二世率军队渡海来岛时，此地已饮用称为"生命之水"的蒸馏酒，这便是威士忌的前身。爱尔兰法律规定，爱尔兰威士忌必须在爱尔兰境内酿造并陈年。

（一）爱尔兰威士忌的特点

爱尔兰威士忌是以80%的大麦为主要原料，混以小麦、黑麦、燕麦、玉米等为配料，制作程序与苏格兰威士忌大致相同，但不像苏格兰威士忌那样要进行复杂的勾兑。另外，爱尔兰威士忌在口味上没有那种烟熏味道，因为在烘烤麦芽时，使用的是无烟煤。爱尔兰威士忌通常要进行三次蒸馏。蒸馏后酒精浓度高达86°，陈酿时间一般为8~15年。最后用蒸馏水稀释后装瓶出售。爱尔兰威士忌的酒度为40°左右，口味比较柔和，适中，并略带甜味。

（二）爱尔兰威士忌的产区

几乎所有的爱尔兰威士忌酿酒厂都集中在科克和都柏林，除了布什米尔酿酒厂以外，布什米尔酿酒厂位于安特利郡的考勒瑞地区，是爱尔兰历史最悠久的威士忌酿造厂。

（三）爱尔兰威士忌的著名品牌

爱尔兰威士忌的著名品牌有尊美醇（John Jameson）、布什米尔（Bushmills）、图拉摩尔督（Tullamore Dew）等。

1. 尊美醇（John Jameson）

尊美醇主要产品有尊美醇12年特殊珍藏、尊美醇黄金珍藏、尊美醇18年限量珍藏、尊美醇稀有年份珍藏、尊美醇酿酒师签名珍藏等。

2. 布什米尔（Bushmills）

布什米尔威士忌是世界上获奖最多的爱尔兰威士忌。布什米尔威士忌的主要产品有布什米尔白标威士忌、布什米尔黑标威士忌、布什米尔蜂蜜威士忌、布什米尔10年陈酿单一纯麦威士忌、布什米尔16年陈酿单一纯麦威士忌、布什米尔21年陈酿单一纯麦威士忌等。

3. 图拉摩尔督(Tullamore Dew)

图拉摩尔督的主要产品包括图拉摩尔督威士忌、图拉摩尔督 12 年特殊珍藏、图拉摩尔督 10 年单一纯麦威士忌、图拉摩尔督凤凰、图拉摩尔督老仓库等。

五、美国威士忌

美国是四大威士忌生产国之一,同时也是世界上最大的威士忌酒消费国,据统计,美国成年人年均饮用 16 瓶威士忌酒,居世界首位。17 世纪来自欧洲的移民把蒸馏技术带到了美国。初期的美国威士忌,以裸麦为原料,18 世纪末起也开始使用玉米。

(一) 美国威士忌的特点

美国威士忌以玉米、谷物、大麦、燕麦为主要生产原料。美国威士忌与苏格兰威士忌在酿造上方法相似,但所用的谷物不同,蒸馏出的酒精纯度也较苏格兰威士忌低。美国威士忌酒以优质的水、温和的酒质和带有焦糖、椰子、香草橡木桶的香味而著名。在酿造完成后,需要放入内部烤焦的橡木桶中储存。

(二) 美国威士忌的产区

美国威士忌的主要产区集中在西部的宾夕法尼亚州、肯塔基州和田纳西州等地区。90% 以上的美国威士忌在这里生产。

(三) 美国威士忌的种类

美国威士忌可分为三类:单纯威士忌、混合威士忌、淡质威士忌。

1. 单纯威士忌(Straight Whiskey)

单纯威士忌是以玉米、黑麦、大麦或小麦为原料,在酿造过程中不混合其他威士忌或谷类制成的中性酒精饮料,酿造完成后储存在橡木桶中至少 2 年的威士忌。单纯威士忌可以进一步分为波本威士忌、黑麦威士忌、玉米威士忌、保税威士忌。

(1) 波本威士忌(Bourbon Whiskey)。

波本是美国肯塔基州的一个小镇,在波本镇生产的威士忌被统称为波本威士忌。波本威士忌的原料是玉米、大麦等谷物。玉米至少占原料的 51% 以上,最多不超过 75%,经过发酵蒸馏后,装入新橡木桶里陈酿 4 年,最多不超过 8 年,装瓶时用水稀释到 43.5°。酒液呈琥珀色,因其主要原料是玉米,口感醇厚,香味浓郁、绵柔,特别适用于调制鸡尾酒。

(2) 玉米威士忌(Corn Whiskey)。

用80%以上的玉米和其他谷物酿制而成的威士忌酒,酿制完成后用旧橡木桶进行陈酿。

(3) 黑麦威士忌(Rye Whiskey)。

又称裸麦威士忌。是用不少于51%的黑麦及其他谷物制成的,呈琥珀色,口感浓郁。

(4) 保税威士忌(Bottled in Bond)。

通常是波本威士忌或黑麦威士忌,它是在美国政府监督下由一个酒厂制成、装瓶的一种威士忌,政府不保证其品质,但要求至少陈酿4年,酒精纯度在装瓶时为50°。

2. 混合威士忌(Blended Whiskey)

混合威士忌是用一种以上的单一威士忌,以及20%的中性谷物类酒精混合而成的。装瓶时酒度为40°,常用来做混合饮料的基酒,共分三种:

(1) 肯塔基混合威士忌。

肯塔基混合威士忌是用该州所产的纯威士忌和中性谷物类酒精混合而成。

(2) 纯混合威士忌。

纯混合威士忌是用两种以上的纯威士忌混合而成的,但不加中性谷物类酒精。

(3) 美国混合淡质威士忌。

美国混合淡质威士忌是美国的一种新酒种,用不得多于20%纯威士忌和80%的酒精纯度为50%的淡质威士忌混合而成。

3. 淡质威士忌(Light Whiskey)

这是美国政府认可的一种新威士忌酒,蒸馏时酒精纯度高达80.5°~94.5°,用旧橡木桶陈年。淡质威士忌中所添加的纯威士忌不得超过20%。

(四) 美国威士忌的著名品牌

美国威士忌的著名品牌有四玫瑰(Four Roses)、杰克·丹尼(Jack Daniel)、占边(Jim Beam)、美格(Maker's Mark)、老祖父(Old Grand Dad)、西格兰姆斯(Seagram's)、野火鸡(Wild Turkey)等。

1. 四玫瑰(Four Roses)

四玫瑰的主要产品有四玫瑰小批量生产版、四玫瑰小橡木桶生产版、四玫瑰黄、四玫瑰白金、四玫瑰古老波本等。

2. 杰克·丹尼(Jack Daniel)

杰克丹尼威士忌畅销全球130多个国家,单瓶销量多年来高踞美国威士忌之首。杰克丹尼的主要产品有杰克丹尼7号、杰克丹尼田纳西蜂蜜、杰克丹尼小批量生产版、杰克丹尼绅士等。

3. 占边(Jim Beam)

近年来,占边威士忌发展迅速,产品种类繁多。占边主要的产品有:白占边、黑占边、占边枫树、占边蜂蜜、占边肯塔基火焰、占边恶魔切、占边酿造大师限量版等。

六、加拿大威士忌

加拿大始于1763年开始生产威士忌,当时主要销售对象是借旅行的名义跑到加拿大喝威士忌的美国人。禁酒法解除后,加拿大威士忌迅速地打入美国市场。

(一)加拿大威士忌的特点

加拿大威士忌的主要原料为玉米、黑麦,和其他一些谷物,没有一种谷物超过50%的。各个酒厂都有自己的配方,比例都保密。加拿大威士忌在酿制过程中需两到三次蒸馏,然后在橡木桶中陈酿2年以上,装瓶时酒度为45°。一般上市的酒都要陈酿6年以上,如果少于4年,在瓶盖上必须注明。加拿大威士忌酒色棕黄,酒香芬芳,口感轻快爽适,酒体丰满,以淡雅的风格著称。

(二)加拿大威士忌的产区

加拿大威士忌的发源地在安大略湖,1840年,在多伦多和渥太华之间的金斯顿地区拥有200多家威士忌蒸馏厂。现在此地区有10个生产商和20多个蒸馏厂。还有很多酿造厂位于加拿大与美国边境之处。

(三)加拿大威士忌的著名品牌

加拿大威士忌的著名品牌有加拿大俱乐部(Canadian Club)、加拿大之家(Canadian House)、皇冠(Crown Royal)、米盖伊尼斯(Me Guinness)、8号(Number 8)、施格兰(Seagram's)、辛雷(Schenley)、怀瑟斯(Wiser's)等。

1. 加拿大俱乐部(Canadian Club)

加拿大俱乐部的主要产品有:加拿大俱乐部1858、加拿大俱乐部珍藏、加拿大俱乐部传统12、加拿大俱乐部雪利桶、加拿大俱乐部57号码头等。

2. 皇冠(Crown Royal)

首次酿造出的皇冠威士忌被比喻为"完美无价之珍宝",直接作为贡品上贡给王室使用。皇冠威士忌主要产品有皇冠豪华、皇冠黑、皇冠枫树、皇冠珍藏、皇冠陈酿、皇冠长年陈酿等。

二 威士忌的饮用与服务

一、酒杯与分量

一般使用古典杯,每份威士忌的标准用量为30毫升。

二、饮用方法

(一) 净饮、加冰、加水

苏格兰威士忌最适合净饮。特别是品味30年或者40年陈酿的威士忌,加入其他饮料简直是对它的亵渎。当然,很多人饮用苏格兰威士忌时还会加冰,"Whisky on the rocks"(威士忌加冰)是酒吧里最常听到的话语。对于加水饮用苏格兰威士忌,各方专家观点不一。有的认为苏格兰威士忌应该加温水饮用,还有的认为苏格兰威士忌应该加冰水饮用。可以确定的是,加水的量不能太多,否则会稀释威士忌。很多专业的威士忌品鉴家通常会加1~3滴水(根据威士忌强度的不同),加水后可以更好地释放苏格兰威士忌的香味。

(二) 混合饮用

爱尔兰威士忌、美国威士忌和加拿大威士忌可以混合其他饮料一起饮用。最常见的是和干姜汽水、可乐、红牛饮用,也可以加入各种其他软饮料。在中国,饮用威士忌时,人们还会加入绿茶、王老吉等。不管加入什么饮料,高品质威士忌的香味不会被覆盖。

(三) 调制鸡尾酒

美国威士忌、加拿大威士忌、爱尔兰威士忌可以作为鸡尾酒的原材料。相比起伏特加和金酒,以威士忌为基酒的鸡尾酒品种较少。例如,爱尔兰咖啡(Irish Coffee)、曼哈顿(Manhattan)、教父(Godfather)等。

三、威士忌服务项目

服务项目		服务标准
饮用场合		餐前、餐后和休闲时饮用
饮用标准量		纯饮单份30毫升
饮用杯具		古典杯或威士忌酒杯、柯林杯等
服务方法	净饮	将威士忌直接倒入杯中
	加冰饮用	杯中放入3块冰,然后倒入威士忌
	混合饮	选用柯林杯随喜好混合各种汽水、矿泉水、果汁等
	调制	根据配方调制鸡尾酒

四、威士忌服务程序

操作程序	操作标准及说明
1. 准备酒杯、用具	(1) 净饮使用雪利杯,加冰饮用时使用古典杯,混合饮用时使用柯林杯,同时使用调酒杯和搅拌棒。 (2) 杯具干净,无水迹、破口。 (3) 杯垫干净,无破损,平整。 (4) 托盘干净,无破损。

续表

操作程序	操作标准及说明
2. 准备酒水	(1) 根据宾客要求采用杯具,加冰饮用时,在 Rock 杯中先加入 3 块左右冰块,净饮时,另外准备一杯冰水。 (2) 在吧台用量酒器将酒倒入杯中,每份量为 30 毫升。 (3) 附加酒水倒入调酒杯中,由服务员在宾客面前服务。 (4) 混合饮用时,搅拌棒提前放入柯林杯中。
3. 服务酒水	(1) 与其他酒水服务相同。 (2) 免费配送指定小吃。

考核指南

1. 基础知识部分 (笔试或口试)
(1) 苏格兰威士忌的分类和特点、知名品牌。
(2) 美国威士忌的分类和特点、知名品牌。
(3) 爱尔兰威士忌的分类和特点、知名品牌。
(4) 加拿大威士忌的分类和特点、知名品牌。
2. 服务技能部分 (实训室现场操作)
(1) 掌握威士忌的服务方法。
(2) 掌握威士忌的服务工作流程、操作程序和标准。

专题六 金酒服务

【学习目标】

1. 了解金酒的分类和特点。
2. 熟悉金酒的知名品牌。
3. 了解金酒的饮用方法。
4. 掌握金酒服务流程和标准。

一 金酒基础知识

一、金酒概述

金酒是以谷物为原料,加入杜松子等调香材料,经过发酵、蒸馏制成的烈酒。因此金酒又称为杜松子酒。

最初的金酒主要用于医疗途径。1660年,在荷兰莱登大学医学院的西尔维亚斯(Sylvius)教授发现杜松子具有利尿的作用,就将其浸泡于食用酒精中,再蒸馏成含有杜松子成分的药用酒。这种药酒具有利尿、清热的功效。然而服用这种药酒的患者普遍觉得香气和谐、口味清晰爽适,多数病患甚至把这药酒直接当成酒精饮料饮用。于是,西尔维亚斯教授将这种酒推向市场,受到消费者普遍喜爱,并把它称为"Jenever",这个名词在荷兰一直沿用至今。杜松子酒诞生不久后被英国海军带回伦敦。杜松子酒在伦敦迅速占领市场,销量惊人。为满足日益增长的需求,很多英国本土制造商也开始生产杜松子酒。为了使酒名符合英语发音的要求,英国人将其称为"Gin"。随着科学技术的不断改进、人们口味的变化,英国金酒与荷兰金酒逐渐形成两种截然不同的风格。随后,英国通过工业革命一跃成为当时世界上最强大的国家,英国殖民地遍布世界各地。英国金酒也出口到世界各地。

二、金酒的分类

金酒按口味风格可分为干金酒(辣味金酒)、老汤姆金酒(加甜金酒)、荷兰金酒和芳香金酒(果味金酒)四种。干金酒质地较淡、清凉爽口,略带辣味,酒度约在40°~47°之间,老汤姆金酒是在辣味金酒中加入2%的糖分,使其带有怡人的甜辣味;荷兰金酒除了具有浓烈的杜松子气味外,还具有麦芽的芬芳,酒度通常在50°~60°之间;芳香金酒是在干金酒中加入了成熟的水果和香料,水果香味明显,比较常见的有柑橘金酒、柠檬金酒、姜汁金酒等。酒度在40°左右。

金酒还可以根据产地进行分类,主要可分为:荷兰金酒、伦敦干金酒和其他国家生产的金酒。

三、荷兰金酒(Jenever)

荷兰金酒原产于荷兰,是荷兰的国酒。金酒主要产区为斯希丹(Schidam)一带。它是以大麦与黑麦等为主要原料进行蒸煮,得到谷物原浆。在谷物原浆中加入酵母经行发酵,然后连续蒸馏两次。最后一次蒸馏前要加入杜松子以及很多其他调香原料,例如,芫荽、菖蒲根、小豆蔻、当归、香菜子、茴香、甘草、橘皮、八角茴香及杏仁等。蒸馏完成后的酒液存储在玻璃槽中待其成熟,稀释装瓶。荷式金酒常装在长形陶瓷瓶中出售。荷兰金酒在装瓶前不可储存过久,以免杜松子氧化而使味道变苦。而装瓶后则可以长时间保存而不降低质量。

荷兰金酒色泽透明清亮,酒香味突出,香料味浓重,辣中带甜,风格独特。无论是纯饮或加冰都很爽口,酒度为50°左右。因香味过重,荷兰金酒不宜作混合酒或鸡尾酒的基酒,否则会破坏酒品的平衡香味。

荷兰金酒根据存储时间的不同可以分为三类:新酒(Jonge),陈酒(Oulde)和老陈酒(Zeet oulde)。后两种金酒需要在橡木桶中陈酿一段时间。荷兰金酒著名的品牌有波克马(Bokma)、波尔斯(Bols)、邦斯马(Bomsma)、哈瑟坎坡(Hasekamp)、亨克斯(Henkes)等。

四、伦敦干金酒(London Dry Gin)

伦敦干金酒的生产过程比荷式金酒更为简单。伦敦干金酒采用谷物为主要原料进行蒸煮。蒸煮的时间不固定,从12小时到2天不等。蒸煮完成后,加入酵母进行发酵。蒸馏可以在罐式蒸馏器或连续蒸馏器内进行。第一次蒸馏结束后得到酒精含量为90%~95%的蒸馏液。加水稀释到60%后，加入杜松子、胡荽、橙皮、香鸢尾根、黑醋栗树皮等调香材料。再次进行蒸馏，最终得到酒精含量约为37%~47.5%的伦敦干金酒。

伦敦干金酒酒液无色透明，柠檬皮和杜松子的香味明显，口感爽适，酒精度在40°左右。伦敦干金酒既可单饮，又可与其他酒混合配制或作为鸡尾酒的基酒。

伦敦干金酒根据含糖量的多少可以分为：干金酒（Dry Gin）、特干金酒（Extra Dry Gin）、极干金酒（Very Dry Gin）。著名的品牌有：必富达/英国卫兵（Beefeater）、孟买蓝宝石（Bombay Sapphire）、博德尔斯（Boodles）、博士（Booth's）、伯内茨（Burnett's）、杰彼斯（Gilbey's）、歌顿金（Gordon's）、格利挪尔斯（Greenall's）、上议院（House of Lords）、老女士（Old Lady's）、老汤姆（Old Tom）、普利茅斯（Plymouth）、伊丽莎白女王（Queen Elisabeth）、西格兰姆斯（Seagram's）、仙蕾（Schenley）、添加利（Tangueray）、沃克斯（Walker's）、怀瑟斯（Wiser's）等。

（一）必富达/英国卫兵（Beefeater）

必富达/英国卫兵金酒拥有悠久的历史，它的起源可以追溯到1820年约翰·泰勒夫妇在伦敦的切尔西地区开办的一家小型酿酒厂。"Beefeater"是伦敦塔守卫的昵称，他们守卫伦敦塔已有500多年的历史。这一品牌正是受此启发而得名。"Beefeater"这一名字及伦敦塔守卫标志性的形象，经过悠长岁月，更恰到好处地体现了必富达的独特之处——目前唯一在伦敦酿制的全球高级金酒。必富达金酒的主要产品包括：必富达伦敦干金酒、必富达24号金酒。

（二）孟买蓝宝石（Bombay Sapphire）

孟买蓝宝石金酒的配方最初诞生在1761年英国的西北部。孟买蓝宝石金酒的商标上印有维多利亚女王的图像。孟买蓝宝石金酒被全球认为最优质最高档的金酒，与仅仅用4~5种草药浸泡而成的普通金酒相比较，孟买蓝宝石金酒采用10种世界各地采集而来的草药精酿而成。与其他金酒和香料植物混在一起蒸馏的制作方法不同，孟买蓝宝石金酒在蒸馏时采用"头部蒸馏法"，即酒精蒸气经过"香料包"，汲取其中的芳香和味道，增添它们的浓郁滋味，最后酿制而成的金酒特别复杂、清爽、平衡佳，酒体强烈而美妙，浓烈而容易上口。凭借其精致绝伦的外观和口感，以及现代感的蓝宝石蓝色酒瓶，刻着异国的药材版画，孟买蓝宝石金酒在创导全球时尚的城市如纽约巴黎伦敦等地掀起热潮。孟买蓝宝石金酒的主要产品有孟买蓝宝石伦敦干金酒。

（三）杰彼斯（Gilbey's）

杰彼斯金酒瓶身上贴有具有英国传统的双足飞龙的图案。杰彼斯金酒采用12种自然材料酿造而成,柠檬味道足,口感顺滑。杰彼斯金酒的主要产品有杰彼斯伦敦干金酒。

(四)歌顿金(Gordon's)

1769年,作为金酒历史上最为显赫的代表人物亚历山大·哥顿,在伦敦创办了他的第一家金酒厂。将经过多重蒸馏的基酒配以杜松子、胡荽、橙皮、香鸢尾根等多种材料,最终调制出了香味独特的哥顿金酒(口感润滑、酒味芳香的伦敦干酒)。1925年,英国王室授予哥顿金酒皇家特许奖状。此后的哥顿金酒开始逐步出口到海外市场,如今更是以平均每一秒钟卖出4瓶的骄人纪录成为销售量世界第一的金酒。哥顿金酒的主要产品有哥顿伦敦干金酒。

(五)普利茅斯(Plymouth)

1896年,世界上第一个干马天尼鸡尾酒的配方中明确规定使用普利茅斯金酒作为基酒。此配方深受好评,被全世界鸡尾酒爱好者接纳。普利茅斯金酒的主要产品包括普利茅斯原味金酒、普利茅斯海军高度金酒、普利茅斯黑刺李金酒等。

五、其他国家生产的金酒

除荷兰和英国两个老牌的金酒生产国以外,很多其他国家和地区也生产金酒,例如,美国、苏格兰、爱尔兰、法国、德国、比利时、新西兰、菲律宾等。

近年来,美国金酒发展迅速,百家争鸣,美国一跃成为荷兰和英国之后的第三大金酒生产国。有一些专家在分类金酒时,甚至把美国金酒单独划分为一类。美国金酒大多呈淡金色,与其他金酒相比,它需要在橡木桶中陈酿一段时间。美国金酒主要有蒸馏金酒(Distiled Gin)和混合金酒(Mixed Gin)两大类。通常情况下,美国的蒸馏金酒在瓶底部有"D"字,这是美国蒸馏金酒的特殊标志。

美国金酒的主要品牌有里奥波德(Leoplod's)、灰锁(Greylock)、施拉姆(Schramm)、航空金酒(Aviation)、蓝衣(Bluecoat)、格林豪克史密斯金酒(Greenhook Smith's Gin)、波特兰新交

易（Portland New Deal）、航海者（Voyager）、鱼饵（Dry Fly）等。

（一）里奥波德（Leoplod's）

里奥波德金酒是里奥波德兄弟蒸馏酒公司的主打金酒品牌，也是全世界销量最多的美国金酒。酿造时采用串蒸法，把香料置于装有酒精的蒸馏锅上面的"香味器"内进行蒸馏，使酒气将香料成分带入酒中。蒸馏两次得到最终产品。杜松子香味突出，附带松木、芫荽、菖蒲根、小豆蔻、橘皮等香味。口感柔和，酒精浓度为40°。

（二）灰锁（Greylock）

灰锁金酒是伯克山酿酒公司的主打金酒品牌，在美国市场上销量第二。虽然被定义为伦敦干金酒，但是酒中其他七种植物调香原料的味道远远盖过杜松子。产出的金酒品质优越，松木和甘草味突出，同时带有明显的柠檬味芳香，收口时候能品尝到橘子皮、丁香和胡椒的苦味。酒精浓度为40°。

（三）蓝衣（Bluecoat）

蓝衣金酒为费城酿酒公司生产，就像所有金酒一样，蓝衣金酒主要的原料是杜松子。7种植物性的调香原料也被加入其中。杜松子、柠檬皮香味突出。酒精浓度为47度。

苏格兰、爱尔兰、法国、德国、比利时、新西兰、菲律宾等国生产的金酒也各具特色。著名的苏格兰金酒有黑木斯（BlackWood's）、海德瑞克斯（Hendrick's）、皮克林斯（Pickering's）。著名的爱尔兰金酒有科克（Cork）。著名的法国金酒有西塔代勒（Citadelle）。著名的德国金酒有康尼格斯维斯特（Konig's Westphalian）、斯坦黑格（Steinhager）。著名的比利时金酒有思密特斯（Smeets）。著名的新西兰金酒有南方（South）。著名的菲律宾金酒有生力金不拉（Ginebra San Miguel）。

二　金酒的饮用与服务

一、酒杯与分量

一般使用古典杯；每份金酒的标准用量为30毫升。

二、饮用方法

（一）净饮、加冰饮用

荷兰金酒的适合净饮或者加冰饮用。少数国家在饮用荷兰金酒前会用苦精（Bitter）洗杯，然后倒入荷兰金酒，饮后再饮一杯冰水。伦敦干金酒常常加入冰块和柠檬一起饮用。

（二）混合饮用

伦敦干金酒还可以混合其他饮料一起饮用。最常见的是加汤力水饮用，也可以加入各种其他软饮料。需要注意的是，金酒一般可以和无色或者淡色的饮料混合饮用，例如，雪碧、苏打水。金酒一般不和深色的饮料混合饮用，例如，可乐。

（三）调制鸡尾酒

金酒是很多鸡尾酒的原材料。以金酒作为基酒的鸡尾酒品种繁多，所以，金酒又被誉为"鸡尾酒之王"，如红粉佳人、金司令等。

三、金酒服务项目

服务项目		服务标准
饮用场合		餐前、餐后和休闲时饮用
饮用标准量		纯饮单份30毫升
饮用杯具		古典杯、柯林杯、鸡尾酒杯
服务方法	净饮	直接倒入杯中饮用
	加冰饮用	杯中放入3块冰，然后倒入金酒
	混合饮	放入汤力水、冰块，以一片柠檬做装饰
	调制	根据配方调制鸡尾酒

四、金酒服务程序

操作程序	操作标准及说明
1. 准备酒杯、用具	（1）净饮和加冰饮用时使用古典杯，混合饮用使用柯林杯，同时使用调酒杯和搅拌棒。 （2）杯具干净，无水迹、破口。 （3）杯垫干净，无破损，平整。 （4）托盘干净，无破损。
2. 准备酒水	（1）根据宾客要求采用杯具，加冰饮用时，在古典杯中先加入3块左右冰块，净饮时，用柯林杯准备一杯冰水。 （2）在杯中加入半片柠檬。 （3）在吧台用量酒器将酒倒入杯中，每份量为30毫升。 （4）附加酒水倒入调酒杯中，由服务员在宾客面前服务。 （5）混合饮用时，搅拌棒提前放入柯林杯中。
3. 服务酒水	（1）混合饮用时，附加酒水要根据宾客喜好酌情添加。 （2）服务完附加酒水，要用搅拌棒为宾客将混合酒水搅匀，然后将搅拌棒放入调酒杯中。 （3）其余服务与酒水服务相同。 （4）免费配送指定小吃。

考核指南

1. 基础知识部分（笔试或口试）
(1) 金酒的分类和特点。
(2) 伦敦干金酒的著名品牌。
2. 服务技能部分（实训室现场操作）
(1) 掌握金酒的服务方式。
(2) 掌握金酒的服务工作流程、操作程序和标准。

专题七　伏特加酒服务

【学习目标】

1. 了解伏特加酒的分类和特点。
2. 掌握伏特加酒的知名品牌。
3. 了解伏特加酒的饮用方法。
4. 掌握伏特加的服务流程和标准。

一　伏特加基础知识

一、伏特加概述

伏特加的名字源自于俄语"Boska"一词，是"水酒"的意思。英文名字是"Vodka"。伏特加是俄罗斯和波兰的国酒。谷物（马铃薯、玉米、大麦、小麦等）是生产伏特加的主要原料，少数酒厂还使用葡萄作为原料。伏特加无色透明，口味烈，酒中所含杂质较少，口感纯净，劲大刺鼻。伏特加酒精浓度一般在40°~50°之间。

二、伏特加的生产工艺

现代伏特加的酿造法是首先以马铃薯或玉米、大麦、黑麦为原料，用精馏法蒸馏出酒度高达96%的酒液，再使酒液流进盛有大量木炭的容器，以吸附酒液中的杂质（油类、酸类、醛类、酯类及其他微量元素），最后用蒸馏水稀释至酒度40°~50°而成。伏特加不用陈酿即可装瓶销售。有少数酒厂在装瓶前还会经过串香程序，使酒具有独特的芳香。

三、伏特加的特点

(1) 伏特加无色无味，没有明显的特性，但很提神。

（2）口味烈，劲大刺鼻。

（3）由于酒中所含杂质极少，口感纯净，可以和任何浓度与其他饮料混合饮用，所以经常用于做鸡尾酒的基酒。

四、俄罗斯伏特加

俄罗斯伏特加酒液无色透明，除酒香外，几乎没有其他香味。口味干烈，劲大冲鼻，像火焰一般地刺激。无须陈酿即可装瓶销售。

俄罗斯伏特加的著名品牌有波士（Bolskaya）、哥丽尔卡（Gorilka）、俄国卡亚（Kusskaya）、柠檬那亚（Limonnaya）、苏联绿牌（Mosrovskaya）、皇冠伏特加（Smirnoff）、苏联红牌（Stolichnaya）等。

（一）苏联红牌（Stolichnaya）

苏联红牌伏特加是俄罗斯国内销量第一的伏特加，在欧洲、美洲、亚洲的很多国家也有销售。1950年开始在俄罗斯成名，20年后开始出口到欧洲各国。Stolichnaya在俄语中是莫斯科的意思，标签上的图案是莫斯科的地标性建筑莫斯科瓦酒店。在俄罗斯国内销售的苏联红牌伏特加主要是以土豆为原料，而出口的则以谷物为主要原料。酿造苏联红牌伏特加的水都是取自河流和湖泊的"活水"，经过处理去掉其中的杂质。发酵时会加入一点点糖，让酒变得更加柔顺，通过石英和木炭过滤三次后装瓶销售。苏联红牌的主要产品有：苏联红牌柠檬、苏联红牌水晶线等。

（二）皇冠伏特加（Smirnoff）

也常常被称为斯米尔诺夫伏特加。现在，皇冠伏特加畅销全球170多个国家，堪称全球第一伏特加品牌，是世界上销售量第二的烈酒。皇冠伏特加的主要产品有皇冠21号经典原味伏特加、皇冠银27号伏特加、皇冠55号黑伏特加、皇冠57号额外柔顺伏特加、各种皇冠果味伏特加、皇冠奶油棉花糖伏特加、皇冠冰淇淋伏特加等。

五、波兰伏特加

波兰伏特加在世界伏特加中占有重要一席。波兰伏特加的生产工艺与俄罗斯伏特加非常接近，主要区别在于波兰人在酿造伏特加的过程中，加入了许多草卉、果实等调香原料，波兰伏特加的香味比俄罗斯伏特加更为丰富浓郁。

波兰伏特加的著名品牌有：雪树（Belvedere）、维波罗瓦（Wyborowa）、朱波罗卡（Zubrowka/Bison Glass）等。

（一）雪树（Belvedere）

雪树伏特加酒厂具有100多年的历史。Belvedere在波兰语中有"美景"的意思，代表着该伏特加既好看，又好喝。雪树伏特加的商标是波兰的总统府，象征着高贵。雪树伏特加采取小批量生产的形式，手工酿造，采用最精细的原材料以确保最优的质量。

(二)朱波罗卡(Zubrowka/ Bison Glass)

朱波罗卡伏特加又被称为野牛草伏特加或香子兰草伏特加。朱波罗卡伏特加采用传统的酿造工艺,并成功地将香子兰草的风味添加到伏特加中去。

(三)维波罗瓦(Wyborowa)

维波罗瓦伏特加品牌创立于1927年,很快成为波兰国内畅销的伏特加品牌。维波罗瓦伏特加酿造工艺流程极为讲究,酿造出的伏特加品质优越。此品牌的伏特加已经获得过30多项国际大奖,是值得波兰骄傲的伏特加品牌。

六、其他国家生产的伏特加

除俄罗斯和波兰外,美国、加拿大、英国、芬兰、瑞典、法国、新西兰等国家都在生产伏特加。这些国家生产的伏特加也各具特色。著名的美国伏特加有蓝天(Skyy)、沙莫瓦(Samovar)、菲士曼皇家(Fielshmann's Royal)。著名的加拿大伏特加有西豪维特(Silhowltte)。著名的英国伏特加有哥萨克(Cossack)、夫拉地法特(Viadivat)、皇家伏特加(Imperial)、西尔弗拉多(Silverado)。著名的芬兰伏特加有芬兰地亚(Finlandia)。著名的瑞典伏特加有绝对伏特加(Absolut)。著名的法国伏特加有灰雁(Grey Goose)、卡林斯卡亚(Karinskaya)、弗劳斯卡亚(Voloskaya)。著名的新西兰伏特加有42纬度以下(42 Below)。

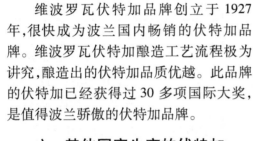

二 伏特加的饮用与服务

一、酒杯与分量

一般使用古典杯;每份伏特加的标准用量为30毫升。

二、饮用方法

(一)净饮

伏特加适合净饮或者加冰饮用。一般在净饮时,会额外准备一杯冰水,常温饮用伏特加,再饮一口冰水。也有不少人把伏特加直接放在冰箱里冰镇后纯饮。

(二)混合饮用

伏特加还可以混合其他饮料一起饮用。最常见的是和橙汁饮用,也可以加入各种其他软饮料。需要注意的是,伏特加一般可以和无色或者淡色的饮料混合饮用。例如,雪碧、苏打水、汤力水。伏特加一般不和深色的饮料混合饮用,例如,可乐。

（三）调制鸡尾酒

伏特加是很多鸡尾酒的原材料。以伏特加为基酒的鸡尾酒品种繁多。例如,黑俄（Black Russian）、螺丝钻（Screw Driver）、血腥玛丽（Bloody Mary）等。

三、伏特加酒服务项目

服务项目		服务标准
饮用场合		餐前、餐后
饮用标准量		净饮单份25毫升
饮用杯具		古典杯、柯林杯、或鸡尾酒杯等
服务方法	净饮	备一杯凉水,以常温服侍,快饮是其主要饮用方式
	加冰饮用	杯中放入3块冰,然后倒入伏特加酒,并在杯中加入一片柠檬
	混合饮	放入冰块、水或果汁,用海波杯并配吸管
	调制	根据配方调制鸡尾酒

四、伏特加酒服务程序

操作程序	操作标准及说明
1. 准备酒杯、用具	（1）净饮和加冰饮用时使用古典杯,混合饮用时使用柯林杯,同时使用调酒杯和搅拌棒。 （2）杯具干净,无水迹、破口。 （3）杯垫干净,无破损,平整。 （4）托盘干净,无破损。
2. 准备酒水	（1）根据宾客要求采用杯具,加冰饮用时,在古典杯中先加入3块左右冰块,净饮时,用高脚杯准备1杯冰水。 （2）在杯中加入半片柠檬。 （3）在吧台用量酒器将酒倒入杯中,每份量为30毫升。 （4）附加酒水倒入调酒杯中,由服务员在宾客面前服务。 （5）混合饮用时,搅拌棒提前放入柯林杯中。
3. 服务酒水	（1）混合饮用时,附加酒水要根据宾客喜好酌情添加。 （2）服务完附加酒水,要用搅拌棒为宾客将混合酒水搅匀,然后将搅拌棒放入调酒杯中。 （3）其余服务与酒水服务相同。 （4）免费配送指定小吃。

考 核 指 南

1. 基础知识部分 （笔试或口试）

（1）伏特加酒的分类和特点。

(2) 简单介绍伏特加的酿造方法。
2. 服务技能部分 （实训室现场操作）
(1) 掌握伏特加酒的服务方式。
(2) 掌握伏特加酒的服务工作流程、操作程序和标准。

专题八 朗姆酒服务

【学习目标】

1. 了解朗姆酒的概念、特点和生产工艺。
2. 掌握朗姆酒的著名产区和著名品牌。
3. 了解朗姆酒的饮用方法。
4. 掌握朗姆酒的服务流程和标准。

一 朗姆酒基础知识

一、朗姆酒概述

朗姆酒在不同国家有着不同的拼写方法,例如 Rum、Rhum、Ron 等,翻译过来是指"甘蔗老酒"。而在加勒比海地区,朗姆酒又称"火酒",绰号叫"海盗之酒",因为过去横行在加勒比海地区的海盗都喜欢喝朗姆酒。

朗姆酒是以甘蔗制糖的副产品——糖蜜和糖渣为原料,经原料处理、发酵、蒸馏、入橡木桶陈酿后,形成的具有独特色、香、味的蒸馏酒。当地人还把它作为兴奋剂、消毒剂和万灵药。它曾是海盗们以及大英帝国海军不可缺少的壮威剂,可见朗姆酒备受人们的青睐。

二、朗姆酒的生产工艺

(一) 收割

甘蔗在成熟后,进行收割。收割后的甘蔗要在 24 小时之内送到磨坊,不然甘蔗的品质就会下降。在磨坊里,甘蔗被切成小段,通过一系列的研磨过程,榨出汁液。甘蔗汁经过 2 次加热和澄清后得到深棕色的糖蜜。

(二) 发酵

甘蔗汁和糖蜜都可以用来蒸馏酿造朗姆酒,但是首先必须通过发酵把它们转变为带有酒精的液体。在甘蔗汁或糖蜜中放入酵母,酵母通过快速的繁殖,把糖分转变为等量的酒精和二氧化碳。

如果使用糖蜜,首先要用水把糖蜜稀释到 15% 的浓度。酒厂可以控制发酵的时间和温度来得到他们想要的产品。如果想要酿造淡质朗姆酒,发酵的时间可以小于 12 小时。酿造普通的朗姆酒一般需要1~2天的发酵时间。酿造烈质朗姆酒,需要多达12天的发酵时间。发酵结束后得到酒精含量为5%~9%的液体。

（三）蒸馏

通过蒸馏,可以把酒精和水分离开来,同时去除酒液中不想要的风味元素,例如酯、乙醛、酸等,保留想要的风味元素。有两种方法可以运用在蒸馏朗姆酒上,分别是罐式蒸馏和连续蒸馏。原理是一样的,通过加热发酵后得到的酒液,酒精比水更早汽化,收集和凝结这些气体,就能得到朗姆酒。

（四）陈酿

蒸馏出的朗姆酒需要放在橡木桶中储存。朗姆酒能从橡木桶中获得颜色和其他风味。储存在橡木桶中的淡色朗姆酒在装瓶前,可以通过木炭过滤器把颜色过滤掉。需要指出的是,橡木桶的年龄和出处其实并不是很重要,虽然现在酒厂会在宣传的时候都强调自己使用很好的橡木桶。但是,橡木桶的大小,对酒的风味确有很大的影响,一般普遍认为250升小容量的橡木桶陈酿出的朗姆酒品质最佳。

淡质朗姆储存的时间为1~3年不等,烈质朗姆酒至少储存3年。每储存1年,酒液会变得更加柔化、顺口。朗姆酒的最长储存年限是20年,超过20年,朗姆酒会逐渐失去原有的风味。在炎热和干旱的地区,朗姆酒陈酿的更快。

（五）调配

大部分朗姆酒都是通过选用不同种类,不同储存年限,甚至不同产区的朗姆酒调配而成。焦糖,香料和风味物质通常会加入朗姆酒之中来获得相应的特色。每个酒厂首席酿酒师的工作,就是确保每一瓶酒都有一样的风味和品质,消费者在市场上买到的每一瓶酒味道都一样。

（六）装瓶

调配过的朗姆酒可以直接装瓶上市出售。

三、朗姆酒的分类

（一）根据色泽分类

朗姆酒根据色泽可分为白朗姆酒（White Rum）、金朗姆酒（Golden Rum）、黑朗姆酒（Dark Rum）三种。

1. 白色朗姆（White Rum）

呈无色或淡色,为清爽型的新鲜酒,具有清新的蔗糖香气,酒味甘润细腻,酒度为45°~55°。

2. 金色朗姆（Golden Rum）

呈金黄色,通常采用淡色朗姆和深色朗姆原酒勾兑而成,风格介于两者之间。

3. 深色朗姆（Dark Rum）

又名黑朗姆,呈浓褐色,属浓厚型的老陈酒;口感干冽,酒香醇浓而优雅,酒度在43°~45°。

（二）根据产区分类

（1）波多黎各（Puerto Rico Rum）:以其酒质轻而著称,有淡而香的特色。

(2) 牙买加(Jamaica Rum)：其酒味浓而辣,呈黑褐色。

(3) 古巴(Cuba Rum)：所产朗姆酒酒体较轻、口味清淡。

(4) 维尔京群岛(Virgin Island Rum)：质轻味淡,但比波多黎各产的朗姆酒更富糖蜜味。

(5) 巴巴多斯(Barbados Rum)：所产朗姆酒风格介于波多黎各的清淡和牙买加的浓辣之间。

(6) 圭亚那(Guyana Rum)：比牙买加产的朗姆酒味醇,但颜色较淡。

(7) 海地(Haiti Rum)：所产朗姆酒口味很浓,但很柔和。

(8) 巴达维亚(Batauia Rum)：巴达维亚生产淡而辣的朗姆酒,有特殊的味道(是因为糖蜜的水质以及加了稻米发酵的缘故)。

(9) 夏威夷(Hawaii Rum)：夏威夷朗姆酒是市面上所能买到的酒质最轻、最柔以及最新制造的朗姆酒。

(10) 新英格兰(New England Rum)：酒质不淡不浓,用西印度群岛所产的糖蜜制造,适合调热饮。

四、朗姆酒的著名品牌

全世界大概有100多个朗姆酒品牌。比较知名的朗姆酒品牌有埃普利顿庄园(Appleton Estate)、百家得(Bacardi)、班德堡(Bundaberg)、摩根船长(Captain Morgan)、鸡距(Cockspur)、皇家高鲁巴(Coruba Royal)、堂吉诃德(Don Q)、哈瓦那俱乐部(Havana Club)、海军朗姆(Navy)、马脱壳(Mount Gay)、密叶斯(Myers's)等。

（一）埃普利顿庄园(Appleton Estate)

牙买加最好的朗姆酒。埃普利顿庄园朗姆酒主要产品有埃普利顿庄园白朗姆、埃普利顿庄园辛辣朗姆、埃普利顿庄园黑朗姆、埃普利顿庄园12年朗姆、埃普利顿庄园21年朗姆和埃普利顿庄园V/X朗姆。

（二）百加得(Bacardi)

百加得朗姆酒是百加得公司的主打品牌,是世界上销售量第一的朗姆酒。百加得朗姆酒品牌很多,主要有百加得白朗姆、百加得金朗姆、百加得黑朗姆、百加得8号朗姆、百加得辛辣朗姆、百加得151朗姆等。

（三）班德堡(Bundaberg)

隶属于帝亚吉欧烈酒酿造公司,是澳大利亚最好的朗姆酒。班德堡朗姆酒的主要产品包括班德堡原味朗姆、班德堡红标朗姆、班德堡5号朗姆、班德堡特别酿造朗姆、班德堡酒架最高层朗姆。

（四）摩根船长(Captain Morgan)

摩根船长朗姆酒是帝亚吉欧烈酒酿造公司的旗舰朗姆酒品牌,是世界销售量第二的朗

姆酒品牌。摩根船长朗姆酒主要产品有摩根船长白朗姆酒、摩根船长黑朗姆酒、摩根船长金朗姆酒、摩根船长100朗姆酒、摩根船长长岛冰茶、摩根船长鹦鹉湾、摩根船长私人珍藏朗姆酒等。

（五）哈瓦那俱乐部(Havana Club)

哈瓦那俱乐部是皮诺理查烈酒酿造公司首推的朗姆酒品牌,古巴主要的朗姆酒品牌之一。在加拿大、法国、德国、意大利、墨西哥和西班牙销售很大。哈瓦那俱乐部朗姆酒主要产品包括哈瓦那俱乐部3年陈酿黄标朗姆酒、哈瓦那俱乐部7年陈酿黑标朗姆酒、哈瓦那俱乐部15年陈酿黑标朗姆酒、哈瓦那俱乐部特殊朗姆酒、哈瓦那俱乐部酿酒师精选蓝标朗姆酒、哈瓦那俱乐部远年储存限量朗姆酒等。

二　朗姆酒的饮用与服务

一、酒杯及分量

一般使用古典杯,每份朗姆酒的标准用量为30毫升。

二、饮用方法

（一）净饮

在少数生产朗姆酒的国家,人们喝纯朗姆酒,能够品尝朗姆酒的独特风味。

（二）混合饮用

朗姆酒还可以混合其他饮料一起饮用。需要注意的是,如果混合饮料颜色较深,那使用黑朗姆与之混合,例如朗姆可乐;如果混合饮料颜色较浅,那使用白(淡)色朗姆与之混合,例如朗姆苏打。

（三）调制鸡尾酒

朗姆酒是很多鸡尾酒宾治酒的原材料,例如椰林飘香、自由古巴等。

三、朗姆酒服务项目

服务项目	服务标准
饮用场合	餐前、餐后
饮用标准量	净饮单份30毫升,并放入一片柠檬
饮用杯具	古典杯、柯林杯、鸡尾酒杯等

续表

服务方法	纯饮	把酒直接倒入杯中饮用
	加冰饮用	杯中放入3块冰,然后倒入朗姆酒
	混合饮	和朗姆酒混饮最多的是果汁和可乐,其载杯为柯林杯并配吸管和加冰块
	调制	根据配方调制鸡尾酒

四、朗姆酒服务程序

操作程序	操作标准及说明
1. 准备酒杯、用具	(1) 净饮和加冰饮用时使用古典杯,混合饮用时使用柯林杯,同时使用调酒杯和搅拌棒。 (2) 杯具干净,无水迹、破口。 (3) 杯垫干净,无破损,平整。 (4) 托盘干净,无破损。
2. 准备酒水	(1) 根据宾客要求采用杯具,加冰饮用时,在古典杯中先加入3块左右冰块,净饮时,用高脚杯准备一杯冰水。 (2) 在杯中加入半片柠檬。 (3) 在吧台用量酒器将酒倒入杯中,每份量为30毫升。 (4) 附加酒水倒入调酒杯中,由服务员在宾客面前服务。 (5) 混合饮用时,搅拌棒提前放入高脚杯中。
3. 服务酒水	(1) 混合饮用时,附加酒水要根据宾客喜好酌情添加。 (2) 服务完附加酒水,要用搅拌棒为宾客将混合酒水搅匀,然后将搅拌棒放入调酒杯中。 (3) 其余服务与酒水服务相同。 (4) 免费配送指定小吃。

考 核 指 南

1. 基础知识部分 (笔试或口试)
(1) 说出不同产区的朗姆酒各有什么特点。
(2) 说出朗姆酒的著名品牌。
2. 服务技能部分 (实训室现场操作)
(1) 掌握朗姆酒的服务方式。
(2) 掌握朗姆酒的服务工作流程、操作程序和标准。

专题九　特基拉酒服务

【学习目标】

1. 了解特基拉酒的分类和特点。
2. 掌握特基拉酒的主要产区和著名品牌。
3. 了解特基拉酒的饮用方法。
4. 掌握特基拉酒的服务流程和标准。

一　特基拉酒基础知识

一、特基拉酒概述

特基拉酒(又称龙舌兰酒)是以龙舌兰属(Agave)的植物为原料酿造而成的。龙舌兰叶片坚挺带刺,喜欢阳光充足、干燥的环境,主要产于美洲热带地区。龙舌兰汁乳白如奶,甘甜可口,为沙漠跋涉的旅客提供了"水"源,因而被称为"沙漠之泉"。

特基拉酒是墨西哥的国酒。特基拉酒的主要产地在墨西哥中央高原北部哈利斯科州,墨西哥第二大城市格达拉哈附近的特基拉镇。墨西政府有明文规定,只有以该地所生产的,以蓝色龙舌兰(Blue Agave)为原料所制成的酒,才可以冠以特基拉(Tequila)之名出售。使用其他品种的龙舌兰制造的蒸馏酒则称为梅斯卡尔酒(Mezcal)。因此所有的特基拉酒都是龙舌兰酒,但并非所有的龙舌兰酒都可被称为特基拉酒。

二、特基拉酒的生产工艺

(一) 收割

龙舌兰的生长周期长达几十年。一般在龙舌兰长到10~12年后,就能被用来酿酒。酿酒时先将叶子切除,只留根部。

(二) 蒸煮

将龙舌兰根部切块后放入专用糖化锅内进行蒸煮。这个过程大概需要8~12小时。在蒸煮的过程中,龙舌兰植物纤维会慢慢软化,释放出天然的甘甜汁液。待糖化过程完成之后,龙舌兰根部需要冷却24~36小时。最后将其榨汁注入发酵罐中。

(三) 发酵

在龙舌兰汁液中加入酵母和上次蒸馏剩下的发酵汁,放入木质或者不锈钢酒糟中进行发酵。有些厂家为了获取更多的糖分,在发酵时还加入适量的糖。发酵时间通常为2~12天不等,取决于酒厂是否使用催化剂。

（四）蒸馏

蒸馏的过程通常在铜制的壶式蒸馏器或者不锈钢制的连续蒸馏器中进行。一般蒸馏厂会对龙舌兰汁液进行 2~3 次的蒸馏。第 1 次蒸馏需要 2 个小时左右，得到酒精含量约 20% 的液体；第 2 次蒸馏需要 3~4 个小时，得到酒精含量约 55% 的可直接饮用烈性酒；少数生产高品质特基拉的酒厂会进行第 3 次蒸馏。

（五）陈年

刚蒸馏完成的特基拉新酒是透明无色的。市场上能买到的金色的特基拉是因为在橡木桶中陈酿，或是添加酒用焦糖的缘故。不同的特基拉制造商使用不同的橡木桶，最常见的要属波本橡木桶和雪利橡木桶。特基拉酒没有最低储存期限，但是不同等级的酒有着特定的最低陈年时间（下文中具体说明）。

（六）装瓶

特基拉酒在装瓶前，会以软水稀释到相应的酒精浓度（一般是 37%~40%，也有少数超过 40%），并且经过活性炭过滤以除去杂质。

三、特基拉的分类

特基拉的分类方式通常有两种：根据颜色分类或根据储存时间分类。

（一）根据颜色分类

1. 银色（透明）特基拉（Sliver Tequila）

银色特基拉属于特基拉新酒，通常不经过橡木桶储存直接装瓶销售。酒液呈透明色或淡淡的黄色。龙舌兰味明显，口味清爽甘洌。

2. 金色特基拉（Golden Tequila）

金色特基拉属于特基拉陈酒，通常酿造完成后在橡木桶中储存一段时间才能装瓶销售。酒液呈金黄色。橡木香味浓郁，口味醇香。

（二）根据储存年限分类

根据储存时间可以把特基拉分为：

1. Blanco/Plata

Blanco 和 Plata 在西班牙语中是"白色"与"银色"的意思。此类酒是新酒，并不需要放入橡木桶中陈年。很多酒厂直接在蒸馏完成后就装瓶，有些酒厂则是放入不锈钢容器中储放，少数酒厂为了让产品能更顺口，短暂地放入橡木桶中陈酿。根据墨西哥法律规定，Blanco 等级的龙舌兰酒最多储存 30 日，之后必须装瓶上市。

2. Joven/Oro

Joven 在西班牙语中是"年轻且顺口"的意思。此类酒也常被称为 Oro，西班牙语中金色的意思。此类金色龙舌兰并没有在橡木桶中陈酿，只是使用焦糖和橡木萃取液进行调色与调味，看起来像是在橡木桶中陈年过的酒。其实在口感上和白色龙舌兰差不多，稍微多了点焦糖和橡木味道。

3. Reposado

Reposado 在西班牙语中有"休息过的"的意思，指此类酒经过一定时间的橡木桶储存，只是还未储存满一年。酿造完成后在木桶里的存放通常会让龙舌兰酒的口味变得浓厚、复杂，因为酒会吸收部分橡木桶的风味甚至颜色,因此时间越长酒的颜色就越深。墨西哥法律规定,Reposado 等级的龙舌兰酒储存时间介于 2 个月到 1 年之间。目前此等级的龙舌兰酒占墨西哥本土销售的 60% 左右。

4. Anejo

Anejo 在西班牙语中有"陈年过"的意思,此类酒在酿造完成后需要在橡木桶中储存至少 1 年以上,没有上限。墨西哥政府对于陈年龙舌兰酒的管理很严格。法律规定,陈年龙舌兰酒必须使用容量不超过 350 升的橡木桶封存,并由政府工作人员贴上封条。虽然法律规定只要储存超过一年的都可称为 Anejo,通常酒厂都会储存 2~3 年。

5. Extra Anejo

墨西哥政府在 2006 年 3 月追加了 Extra Anejo 这个级别。此类酒在酿造完成后需要在橡木桶中至少陈酿 3 年以上。少数高品质的特基拉会储存超过 4 年。一般来说,酒厂专家们都同意龙舌兰酒最适合的陈年期限是 4~5 年,再超过后桶内的酒精会挥发过多。近来市场上出现了陈酿 8~10 年的特基拉,价格和 30 年的苏格兰威士忌差不多。

四、特基拉的著名品牌

目前世界上共有 100 多个品牌的特基拉。我们主要介绍以下几种:

(一)科尔弗/豪帅(Cuervo)

该品牌由约瑟科尔弗于 1795 年创立。科尔弗的销量和其他品牌龙舌兰相比遥遥领先。在墨西哥销售出的龙舌兰中,每三瓶中就有一瓶是科尔弗。在美国占有 42% 的市场份额。科尔弗已经与很多烈酒巨头公司,诸如占边、百加得、斯米尔诺夫一起,进入世界十大烈酒畅销榜。科尔弗的主要产品有科尔弗金快活特基拉、科尔弗银快活特基拉、科尔弗 1800 特基拉、科尔弗传统特基拉、科尔弗额外陈年特基拉等。

(二)索查(Sauza)

该品牌于 1873 年由墨西哥人唐索查创立。索查龙舌兰的主要产品有索查银特基拉、索查金特基拉、索查霍尼托斯特基拉、索查额外成年特基拉等。

(三)奥美嘉(Olmeca)

施格兰姆斯墨西哥分公司为开拓墨西哥特基拉市场而推出的豪华型产品,它最少需经过两年以上的陈酿方能上市。作为一个特基拉新品牌,一推出就受到广泛的好评。该龙舌兰在海外市场销售量比墨西哥国内要好。该酒的标志图案取自墨西哥最古老的 Olmeca 文化的图腾、故具有深邃的文化内涵。奥美嘉龙舌兰的主要产品有奥美嘉 Reposado、奥美嘉 Blanco 等。

二 特基拉酒的饮用与服务

一、酒杯与分量

基拉酒杯常用古典杯,标准分量为30毫升。

二、饮用方法

(一) 净饮

墨西哥人常常净饮特基拉。他们在子弹杯中倒入30毫升特基拉,然后准备好一个小碟,碟内放几片柠檬和少量食盐,饮用时,将食盐撒在手背或者虎口处,嘴唇蘸盐,一口喝掉特基拉酒,再吞食柠檬片。

(二) 混合饮用

特基拉还可以混合其他饮料一起饮用。最常见的要数特基拉橙汁。

(三) 调制鸡尾酒

特基拉酒也常作为鸡尾酒的基酒,例如,特基拉日出(Tequila Sunrise)、玛格丽特(Margarite)、特基拉碰(Tequila Pop)等。

三、特基拉酒服务项目

服务项目		服务标准
饮用场合		餐前、餐后
饮用标准量		净饮单份30毫升,并随同柠檬、盐末
饮用杯具		子弹杯、古典杯、柯林杯、鸡尾酒杯等
服务方法	净饮	饮用时稍微冰镇一下或随同柠檬、盐末一起食用
	加冰饮	杯中放入3块冰,然后倒入特基拉酒
	混合饮	在柯林杯中加入适量冰块、倒入特基拉酒和苏打水,橙汁、雪碧、七喜适量
	调制	根据配方调制鸡尾酒

四、特基拉酒服务程序

操作程序	操作标准及说明
1. 准备酒杯、用具	(1) 净饮使用子弹杯,加冰饮用时使用古典杯,混合饮用时使用柯林杯,同时使用调酒杯和搅拌棒。 (2) 杯具干净,无水迹、破口。 (3) 杯垫干净,无破损,平整。 (4) 托盘干净,无破损。

续表

操作程序	操作标准及说明
2. 准备酒水	（1）根据宾客要求采用杯具，加冰饮用时，在古典杯中先加入3块左右冰块，放入一片柠檬片，如净饮时，用6寸小圆碟，一边撒少许细盐，另一边放入2块1/6柠檬角，一并上给宾客。
3. 服务酒水	（1）与酒水服务相同。 （2）免费配送指定小吃。

考 核 指 南

1. 基础知识部分（笔试或口试）
（1）说出特基拉酒如何分类？如何饮用？
（2）说出朗姆酒的著名品牌。
2. 服务技能部分（实训室现场操作）
（1）掌握特基拉酒的服务方式。
（2）掌握特基拉酒的服务工作流程、操作程序和标准。

专题十　葡萄酒服务

【学习目标】

1. 了解葡萄酒的历史、制造工艺。
2. 了解法国葡萄酒的等级划分。
3. 掌握法国葡萄酒的产区、名品及其特点。
4. 掌握葡萄酒的服务流程和标准。

一　葡萄酒基础知识

一、葡萄酒的定义

葡萄酒是以100%的葡萄作为原材料经过自然发酵而产生的酒。

二、葡萄酒概述

世界上生产葡萄酒质量最好的国家要属法国。德国、意大利、西班牙、葡萄牙及美国、澳大利亚等国也生产。

影响葡萄酒质量的主要因素，一是原料葡萄，二是酿造技术。

葡萄优劣主要受种植地区土壤、气候、品种等条件的限制。太寒冷的气候,葡萄难以生长,糖度也难以提高。热带的区域太多的雨水会使葡萄难以成熟,糖度也难以提高。

酿造技艺主要取决于科学技术的发展、设备选择及酿酒师的经验。

一棵葡萄树的寿命大约在 70~120 年。一般要有 5~10 年的树龄,采摘下来的葡萄才可以做葡萄酒。

好的葡萄酒多是用一种葡萄制成的。用多种葡萄混合制成的酒都不是最好的。

三、葡萄酒的酿造工艺

（一）葡萄的成分

葡萄由果肉、葡萄皮、葡萄籽、葡萄梗和粉霜构成。这五个部分在酿造过程里各司其职。

1. 果肉

果肉里面包含着水分、糖分、有机酸、矿物质、风味物质等。水分含量比较高的葡萄,压榨出来的葡萄汁更多,能酿造更多的葡萄酒。糖分,是酒精发酵的主要成分,糖分的高低决定最终能自然发酵的酒精度数,酸度对于葡萄酒的均衡口感非常重要,果肉里面的矿物质则能使葡萄酒增加更多风味。

2. 葡萄皮

葡萄皮里面含有丰富的颜色、单宁和风味物质。红葡萄酒的颜色都是来自于葡萄皮,而不是色素。单宁可以说是红酒最重要的成分之一,不仅给葡萄酒带来更多的层次的口感,还让葡萄酒具有更好的陈年能力。葡萄皮里面的风味物质非常丰富,能够让葡萄酒散发出菠萝、草莓、樱桃等迷人的香气。

3. 粉霜

粉霜包含有上千种微生物和细菌,其中也包含野生酵母,这种野生酵母可以让葡萄汁发酵成葡萄酒。

4. 葡萄梗

葡萄梗含有较涩口而粗糙的单宁,主要用于增加葡萄酒中单宁的强度。

5. 葡萄籽

葡萄籽含有油脂和粗糙的单宁,因此在酿造过程中需要避免压碎葡萄籽,这样会产生苦味,对葡萄酒的品质造成影响。

（二）葡萄酒的酿造公式

葡萄酒的酿造公式：糖 + 酵母 = 酒精 + 二氧化碳 + 热量

葡萄汁里面的糖分,在酵母的作用下转化成为酒精,在发酵过程中还会产生二氧化碳和热量。

1. 红白葡萄酒酿造的工艺

（1）采摘(Harvest)：葡萄收获季节在每年的 8 月中旬到 10 月底。这个时候的葡萄酸度降低,甜度增加,当两者趋于平衡时,就是采摘的最佳时期。采摘可分为机器采摘和人工采摘。

（2）筛选(Sorting)：采摘回来的葡萄在最短时间内运回酒厂,然后在传送带上进行人工筛选,筛选掉一些品质不高的葡萄。

（3）破碎（Crushing）：筛选过的葡萄要进行除梗、破碎工作。红葡萄会通过破碎机进行破皮，方便葡萄汁流出，以便更好地浸皮。

（4）压榨（Pressing）：大多白葡萄破碎后会直接进行压榨，将葡萄汁从果肉中分离出来。红葡萄酒则会在发酵完后对果渣进行压榨，以获得更多的酒液。

（5）浸皮（Maceration）：浸皮是指将破皮后的葡萄和葡萄汁浸泡在一起，以便葡萄汁从皮里面萃取到需要的颜色、单宁以及风味物质。

（6）酒精发酵（Alcohol Fermentation）：酒精发酵就是将葡萄汁里面的糖分转化成酒精的过程，也被称为一次发酵，酒精发酵通常会加入人工酵母来帮助发酵启动和进行，发酵过程中会产生二氧化碳和热量。白葡萄酒要求发酵温度比较低（一般在15℃~20℃），这么做可以保持酒的果香和清新。红葡萄酒发酵温度会高一些，通常在25℃~30℃之间，但是如果温度高于35℃发酵就会中止。

（7）苹果酸乳酸发酵（Malolactic Fermentation）：苹果酸乳酸发酵的过程是将酒中尖锐的苹果酸转化成为柔和的乳酸，在这个过程中还会产生黄油的香气。

（8）熟成（Maturation）：葡萄汁在发酵完成之后，就可以称为葡萄酒了，刚酿造出来的酒，无论是口感还是香气都十分的浓郁和张扬，让人难以忍受，因此需要将酒放置一段时间使酒变得均衡美味，更容易被人接受。熟成可以在橡木桶中进行，也可以在不锈钢酒桶或者惰性容器中进行。红酒经常会在橡木桶里完成这个过程，目前最常见的橡木分为法国橡木和美国橡木，法国橡木桶制作过程烦琐，能赋予酒更细腻复杂的香气，例如香草、烤面包、烤榛子，形成更复杂的口感，价格也比美国橡木桶贵。美国橡木桶带给酒更多的是甜香草和甜椰子的香气，口感也较粗犷。需要注意的是，只有新橡木桶才会给酒增添咖啡、烤面包等烘烤香气，越老的橡木桶对酒产生的影响力越小，5年以上的木桶只能作为惰性容器，不能再为酒增添任何香气了。现在很多新兴的葡萄酒产地，会使用橡木条、橡木粉、橡木香精等来增加橡木香气。

（9）澄清（Fining）：葡萄酒酿造好后，通过加入蛋白、鱼胶、硅藻土等物质去除酒中看不见的悬浮物质，这样做可以使酒澄清及稳定酒质。

（10）过滤（Filtration）：过滤可以去除酒中极小的颗粒，使酒澄清和稳定。

（11）装瓶（Bottling）：葡萄酒在出厂之前，会将酒装进玻璃瓶中，准备陈酿或销售。

2. 桃红葡萄酒的酿造方法

桃红葡萄酒的风格介于红葡萄酒和白葡萄酒之间。通常来说，酿造桃红葡萄酒的方法有三种：

（1）最普遍的使用方法、酿造过程与红葡萄酒相似，只是葡萄皮和葡萄汁接触的时间比红葡萄酒短，一般在12~36小时之间，轻微的萃取颜色和一部分的单宁。

（2）放血（Saignee），将葡萄浸渍12~24小时之后，从发酵罐里排出一部分浅色的葡萄汁，这部分的葡萄汁用于酿造桃红葡萄酒。原发酵罐里面的葡萄汁由于液体减少，和固体的比重增加，得到单宁更强、颜色更深的红葡萄酒。这种做法，桃红酒有点像红葡萄酒的副产品。

（3）将发酵好的红葡萄酒和白葡萄酒混合，调配出红葡萄酒，这样的做法在大多数地区是禁止的，但香槟地区使用这种方法来酿造桃红香槟。

四、葡萄酒的分类

国际葡萄和葡萄酒组织将葡萄酒分为两大类:葡萄酒和特殊葡萄酒。

(一) 葡萄酒

1. 按葡萄酒的颜色分类

红葡萄酒:以红色或深色葡萄为原料,连皮带籽进行发酵,然后进行分离、陈酿而成。成酒中含有较高的单宁和色素成分。成酒色泽为紫、宝石红或石榴红色。

白葡萄酒:以去皮后压榨出来的葡萄汁为原料进行发酵酿制而成。成酒色泽为浅柠檬黄、金黄到琥珀色。

桃红葡萄酒:介于红白葡萄酒之间皮汁短期混合发酵,达到色泽要求后进行皮渣分离继续发酵陈酿。成酒色泽为淡淡的玫瑰红、桃红或粉红色。

2. 按含糖量分类

将葡萄酒按含糖量分类,可分为:干型、半干型、半甜型、甜型葡萄酒。

类别	含糖量	特点
干酒	<4g/L	一般尝不到甜味
半干酒	4~12g/L	能分辨出微弱的甜味
半甜酒	12~45 g/L	有明显的甜味
甜酒	>45 g/L	有浓厚的甜味

(二) 特殊葡萄酒

特殊葡萄酒是以鲜葡萄或葡萄汁为原材料,在酿造中或酿造后经过特殊加工而生产的葡萄酒。主要可以分为:

(1) 加香葡萄酒:在葡萄酒中加入果汁、药草、甜味剂等,有的还加入酒精或砂糖。如味美思。

(2) 强化葡萄酒:也叫加强葡萄酒,在葡萄酒发酵之前或发酵中加入部分白兰地或酒精,抑制发酵。成品比一般葡萄酒酒度和糖度更高。如波特酒和雪利酒、玛德拉酒、玛萨拉酒。

(3) 起泡葡萄酒:20℃时,二氧化碳压力不小于0.03Mpa的葡萄酒。香槟是起泡葡萄酒的一种。

(4) 加气葡萄酒:与起泡葡萄酒非常相似,但酒液中所含有的二氧化碳气体是通过人工方法加入的。

(5) 贵腐葡萄酒:用受到贵腐霉菌侵害的白葡萄酿成的,由于贵腐霉菌附着在成熟葡萄上,吸取了葡萄颗粒里的水分,留下很浓的糖分和香味,就像葡萄干一样,用这样的葡萄酿成的酒糖分很高,而且贵腐霉菌的"参与"为酒液添加了一些神秘的香味。因为贵腐霉菌的生长受气候的制约,所以这种葡萄酒十分珍贵。法国波尔多的苏玳是世界最著名的贵腐葡萄酒产区,另外德国、匈牙利也有出产贵腐葡萄酒。

(6) 冰葡萄酒:起源于德国。葡萄在葡萄园里自然冰冻,在-7℃状态下采摘、压榨后发酵制成的葡萄酒。德国、加拿大、奥地利是最著名的产地。

五、主要的葡萄品种

葡萄酒的品质好坏,由两个因素决定:葡萄品种和酿造工艺。全世界有超过 8000 种可以酿酒的葡萄品种,然而可以酿造优越品质葡萄酒的葡萄品种却只有 50 种左右。

酿酒葡萄大约可以分为白葡萄和红葡萄两种。白葡萄主要用来酿造起泡酒及白葡萄酒。红葡萄可以用来酿造红葡萄酒,也可以去皮榨汁之后酿造白葡萄酒。

(一)常见的红葡萄品种

1. 赤霞珠(Cabernet Sauvignon)

又可以称为卡伯纳·苏维翁或解百纳。起源于法国波尔多,是世界上种植面积最大的葡萄品种之一,全球都有种植。赤霞珠颗粒较小,皮厚籽多,呈深蓝色,产量较低,最喜欢深厚、排水性好的砾石土壤。

使用赤霞珠酿造出来的葡萄酒颜色深浓,重酒体,高单宁,口感酸涩;需要经过陈酿才能饮用,陈年能力很强。

典型香气:黑色水果(黑醋栗、黑樱桃、黑莓)、青椒、薄荷、柏油、雪茄盒等。不成熟的年份会有明显的植物性气味,陈年之后还会有菌菇类、干树叶、动物皮毛和矿物的香气。

2. 品丽珠(Cabenet Franc)

又可以称为卡伯纳·佛朗。原产于法国,一般不单独使用酿造葡萄酒,而是作为辅助材料与赤霞珠及美乐搭配。品丽珠颗粒较小,皮薄,呈紫红色,喜欢凉爽的黏土。

酿造出的葡萄酒颜色较浅,酒体适中;单宁含量较低,富有果香;陈年能力不强。

典型香气:草莓、覆盆子、紫罗兰、青椒和植物香气。如果放在橡木桶中熟成还会产生牛奶巧克力香。

3. 美乐(Merlot)

又可以称为梅洛,原产于法国,是法国种植面积最大的葡萄品种。在法国,美乐经常和赤霞珠混合酿造,在新世界,美乐很多时候作为单一品种来酿造葡萄酒。

酿造出的葡萄酒酒体丰满,酸度中等,酒精含量高,单宁含量适中,口感柔顺圆润,更容易入口。

典型香气:较凉爽地区表现出红色水果(红樱桃、草莓、李子)的香气,炎热气候下展现出黑色水果(黑莓、黑李子)的香气,陈年后还会有额外的皮革、松露香气。

4. 佳美(Gamay)

主要产于法国。主要用来酿造博若莱新酒(Beaujolais Nouveau),被称作为法国红酒的风向标,占勃艮第红酒一半以上的产量。佳美也可以和其他红葡萄品种混合酿造。

酿造的酒颜色浅,酒体轻盈爽口,单宁含量低,酸度较高,陈年能力不强。

典型香气:红色水果(草莓、覆盆子)香气。

5. 黑皮诺(Pinot Noir)

又可以称为黑品诺、黑比诺等。原产法国勃艮第,栽培历史悠久,主要用于酿造红葡萄酒、香槟酒与桃红葡萄酒,葡萄成熟较早、皮薄、色素低。

酿造的酒颜色较浅,酒体轻盈,单宁含量低,酸度高,果味明显,陈年能力强。

典型香气:樱桃、草莓,陈年后有香料及动物、皮革味。

6. 西哈(Syrah)

又可以称为穗乐仙,在澳洲又被称为西拉子。原产法国,但是在澳大利亚广泛种植。果皮颜色较深,通常作为单一品种来酿造葡萄酒。

酿造的酒颜色深,酒体丰满,单宁含量重,酸度较高,香气明显,口感浓郁。

典型香气:黑色水果、黑巧克力和黑胡椒香气。在凉爽的地区,还经常带有一丝桉树叶和薄荷的香气。

(二)白葡萄品种

1. 霞多丽(Chardonnay)

又可以称为莎当妮,原产自勃艮第,是勃艮第最优质白葡萄酒产区内的唯一葡萄品种。世界各地都广泛种植。通常作为单一品种来酿造葡萄酒。

酿造的酒呈金黄色,酒精含量高,口感丰富,酒香馥郁,余味绵长。

典型香气:气候凉爽地区呈现青苹果青柠檬香气,稍微温暖地区呈现桃子、水梨类香气;炎热地区呈现柠檬、菠萝、芒果和无花果香气。经橡木桶陈酿后散发烤榛子、烤面包和坚果香气。

2. 雷司令(Riesling)

德国品质最优异的葡萄品种,堪称世界上最精良的白葡萄品种。袖珍型的葡萄,果实体积较小,容易感染贵腐菌。通常作为单一品种来酿造葡萄酒。

酿造的酒酒精含量较低,酸度高,风格多样,从干型酒到甜酒都能酿造,适合久藏。

典型香气:花香、蜂蜜香、矿物质香。酒经过数年的窖藏后会出现特有的汽油味道。

3. 长相思(Sauvignon Blanc)

又可以称为白苏维翁、苏维翁白,原产法国。主要用于单一品种酿制也可混合酿制。

酿成的酒酒液呈浅黄色,酒精度较高,入口酸度高,香气浓郁。陈年能力弱。

典型香气:柠檬、柚子、黑醋栗芽孢、芦笋、青草香气。

4. 琼瑶浆(Gewurztraminer)

颜色呈粉红色,葡萄串较小,法国阿尔萨斯法定产区。

酿成的酒颜色深浓,酒体丰满,香气浓烈,酸度较低,酒精度高,有独特的荔枝口感。

典型香气:荔枝、玫瑰、丁香花蕾和香料味道。

5. 赛芙蓉(Semillon)

主要种植于法国波尔多地区,其中苏玳区,是出产优质赛美蓉的产区。皮薄,呈金黄色,容易感染灰霉菌,所以大部分用来酿造甜型葡萄酒。

酿制的白葡萄酒颜色金黄,酒体较重,口感厚重圆润。

典型香气:成熟后有蜂蜜和蜂蜡的香气。

6. 白诗南(Chenin Blanc)

原产自法国卢瓦尔河谷,是酿造白葡萄酒的良种之一。它既可用于酿制一些品质优、酒龄长的甜白葡萄酒,也常用来酿制一些初级的新世界餐酒,还可以用来酿制大量的起泡酒。

酿制的酒呈浅黄带绿色,酒体丰满,酸度高,果香浓郁。

典型香气:蕴含苹果、梨以及洋槐花的香气,成熟后带有蜂蜜的甜香。

六、葡萄酒产地

全球很多国家都产葡萄酒,在葡萄酒领域,我们把葡萄酒产地分为两大阵营,分别以旧世界和新世界来称谓。

我们把拥有悠久酿酒历史的传统葡萄酒生产国称作"旧世界国家",主要包括位于欧洲的传统葡萄酒生产国,如法国、意大利、德国、西班牙和葡萄牙以及匈牙利、捷克、斯洛伐克等国家。

旧世界产区酿酒历史悠久而又注重传统,从葡萄品种的选择到葡萄的种植、采摘、压榨、发酵、调配到陈酿等各个环节,都严守详尽而牢不可破的规矩,尊崇几百年乃至上千年的传统,甚至是家族传统。旧世界葡萄酒产区必须遵循政府的法规酿酒,每个葡萄园都有固定的葡萄产量,产区分级制度严苛,难以更改,用来酿制销售的葡萄酒更只能是法定品种。

新世界国家有美国、澳大利亚、南非、智利、阿根廷和新西兰等。与旧世界产区相比,新世界产区生产国更富有创新和冒险精神,肩负着以市场为导向的目标。下表是新旧世界的一些对比。

葡萄酒新旧世界对照表

项目	旧世界	新世界
规模	传统家庭经营模式为主,规模小	公司与葡萄种植的规模都比较大
工艺	比较注重传统的工艺酿造	注重科技与管理
口味	以优雅型为主,较为注重多种葡萄混合与平衡	以果香型为主,突出单一葡萄品种风味,风格热情开放
葡萄品种	世代相传的葡萄品种	自由选择葡萄品种

续表

项目	旧世界	新世界
包装	注重标示产地,风格较为典雅与传统	注重标示葡萄品种,色彩较为鲜明活跃
管制	有严格的法定分级制度	没有分级制度,但注明优质产区的名称就是品质的标志

(一) 法国

法国是全球公认的"葡萄酒王国",是世界上最杰出的葡萄酒生产国之一。法国有众多著名的葡萄酒产区,每个产区都各具特色,出产着各种不同类型的葡萄酒。

1. 质量等级分类

法国始于 1935 年开始实施 A.O.C 系统,以保障酿酒者和葡萄园达到一定的品质要求。这个保护制度将葡萄酒划分为四个等级:日常餐酒(V.D.T)、地区餐酒(V.D.P)、优良地区餐酒(V.D.Q.S)和法定产区葡萄酒(A.O.C)。法国"产地命名监督机构"对于酒的来源和质量类型为消费者提供了可靠的保证。这个制度不仅对于法国,甚至对于整个世界都有深远影响。

日常餐酒(V.D.T)等级分类档次中最低的一类,不记原产地名称的调制葡萄酒。可以是不同地区甚至不同国家葡萄酒的混合品。通常以商标名称出售。酒精度在 8.5°~15°。酒瓶标签上有明显的"Vins De Table"标示。

地区餐酒(V.D.P)也称小产区酒,名次较次的产区所产的葡萄酒,质量略优于日常餐酒。只能使用酒标上使用地名所产的经认可的葡萄品种进行酿造。酒瓶标签上有明显的"Vins De Pays + 产区名"标示。

优良地区餐酒(V.D.Q.S)又称特酿葡萄酒,生产必须经过"国家原产地名称协会"的严格控制和管理。生产地区、使用的葡萄品种、最低酒精含量、单位面积最高产量、葡萄栽培方法、酿酒方法等生产条件必须符合相关法律要求。是普通地区葡萄酒向 A.O.C 级别过渡必须经历的级别。酒瓶标签上有明显的"Appellation + 产区名 + Qualite Superieure"标示。

法定产区葡萄酒(A.O.C)又称为原产地名称监制酒,全部来自出色产区。包括葡萄品种、产地、最低酒精含量、单位面积最高产量、葡萄栽培方法、酿酒方法、贮藏和陈酿条件等都有严格的法规控制。酒标上用"Appellation + 产区名 + Controlee"标示。产区越小质量越好。从大到小是:大产区、次产区、村庄、城堡(Chateau)。

2009 年 8 月,为了配合欧洲葡萄酒的级别标注形式,法国葡萄酒的改革了等级制度,2011 年 1 月 1 日起装瓶生产的产品开始使用新的等级标记。

A.O.C(法定产区葡萄酒)变成 A.O.P 葡萄酒(Appellation d'Origine Protégée)。

V.D.P(地区餐酒葡萄酒)变成 I.G.P 葡萄酒(Indication Géographique Protégée)。

V.D.T(日常餐酒葡萄酒)变成 V.D.F 葡萄酒(VIN DE FRANCE)。

V.D.Q.S 从 2012 年开始不复存在。

2. 产区

目前法国葡萄酒有 12 个产区,波尔多(Bordeaux)、勃艮第(Bourgogne)、博若莱(Beaujolais)、罗讷河谷地(Rhone Valley)、卢瓦尔河谷地(Loire Valley)、香槟(Champagne)、阿尔萨斯(Alsace)、普罗旺斯(Provence)、科西嘉岛(Corsica)、朗格多克·鲁西荣(Languedoc Roussil-

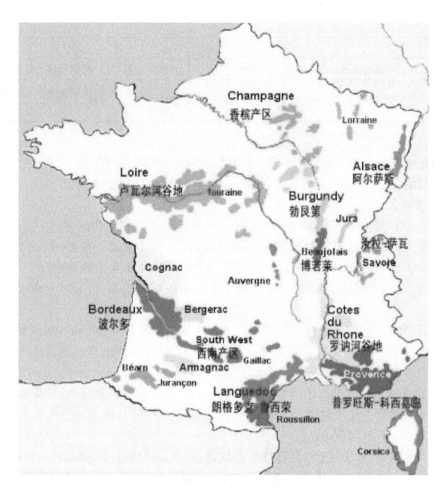

法国主要葡萄酒产区图

lon)、汝拉和萨瓦(Jura and Savoie)、西南部地区(South-West)。其中最知名的法国葡萄酒产区是波尔多(Bordeaux)、勃艮第(Burgundy)和香槟区(Champagne)。波尔多以产浓郁型的红葡萄酒而著称,勃艮第则以产清淡优雅型红葡萄酒和清爽典雅型白葡萄酒著称,香槟区酿制世界闻名、优雅浪漫的葡萄汽酒。

(1)波尔多(Bordeaux)

波尔多是法国最著名的葡萄酒产地。位于法国西南部吉伦特省(Gironde)内,是法国最大的优质葡萄酒产区,A.O.C 葡萄酒产量占法国 A.O.C 葡萄酒产量的25%,其中87%为红葡萄酒,11%为干白葡萄酒,2%为甜白葡萄酒。有5个主要分区,分别是:梅多克(Medoc)、格拉夫斯(Graves)、苏玳(Sauternes)、圣爱美容(Saint Emilion)和波美侯(Pomerol)。波尔多大区有左岸、右岸、两海之间之分,被大家熟知的列级酒庄制度于1855年开始执行,主要针对左岸各分区。波尔多是法国唯一采用"列级酒庄"制度的地区。

波尔多地区种植的红葡萄酒品种主要包括梅乐(Merlot)、赤霞珠(Cabernet Sauvignon)、品丽珠(Cabenet Franc)三种,白葡萄酒品种主要是赛芙蓉(Semillon)和长相思(Sauvignon Blanc),几乎所有的酒都是用不同品种调配酿成的。该区红酒大多数都需要在橡木桶中熟化。

① 梅多克(Medoc)分区。

梅多克分区位于吉伦特河左岸河口,所产红葡萄酒最为著名。梅多克 A.O.C 产区分为两大部分:北部的产区条件稍差,被称为一般的"梅多克(Medoc)"地区 A.O.C;而南部是顶级的村庄级 A.O.C 的集中地,被称为"上梅多克(Haut-Medoc)"。五大酒庄中的四大酒庄都在该区[拉菲古堡(Chateau Lafite-Rothschild)、拉图酒庄(Chateau Latour)、木桐酒庄(Chateau Mouton-Rothschild)玛歌酒庄(Chateau Margaux)]。上梅多克区包括 6 个村庄级 A.O.C 产区,圣埃斯泰夫(Saint-Estephe)、波雅克(Pauillac)、圣朱里安(Saint-Julien)、玛歌(Margaux)、利斯特拉克-梅多克(Listrac-Médoc)和慕里斯(Moulis)。

② 格拉夫(Graves)分区。

格拉夫分区位于吉伦特河左岸的中部地区,是波尔多唯一同时生产高级红、白葡萄酒的产区。分为南北两个产区,北产区属于精华区,1987 年独立出来,称为贝沙克-雷奥良(Pessac-Leognan),格拉夫产区中所有的列级酒庄都位于此区内,其中最著名的就是波尔多"五大"酒庄中被称为"格拉夫之王"的奥比安酒庄(Chateau Haut-Brion)。南产区直接称为格拉夫(Graves)。

③ 苏玳(Sauternes)分区。

苏玳产区处于波尔多左岸最南端,出产世界上最著名的甜葡萄酒。1855 年波尔多葡萄酒评级时"五大酒庄"之外唯一的顶级葡萄酒酒庄伊甘酒庄(Chateau d'Yquem)就位于此分区。该酒庄生产的贵腐葡萄酒堪称世界第一。

④ 圣爱美容(Saint-Emilion)分区。

圣爱美容(Saint-Emilion)坐落于波尔多东北部,位于多尔多涅河的右岸,是波尔多地区最大的优质葡萄酒产区。盛产红葡萄酒。该区执行的是自己的分级制度,每十年重新评定一次。该产区的白马酒庄(Chateau Cheval Blanc)和欧颂酒庄(Chateau Ausone)和左岸的五大酒庄及伊甘酒庄(Chateau d'Yquem)并称为波尔多八大酒庄。

⑤ 波美侯(Pomerol)分区。

波美侯(Pomerol)分区位于波尔多产区东部,与圣埃美隆(Saint-Emilion)比邻而居。该产区是波尔多地区面积最小的产区,盛产红葡萄酒。该分区的柏翠酒庄(Chateau Petrus)出产的红葡萄酒是波尔多产区最昂贵的酒。

(2)勃艮第(Burgundy)

勃艮第(Burgundy)产区位于法国中部略偏东,是与波尔多齐名的葡萄酒产区。红白葡萄酒均有出产,白葡萄酒更胜一筹。勃艮第共分为 5 大产区,它们分别是夏布利(Chablis)、夜丘区(Cote de Nuits)、博恩丘(Cote de Beaune)、夏隆丘(Cote Chalonnaise)和马可内区(Maconnais)。其中,夜丘和波恩丘又合称为金丘(Cote d'Or),是勃艮第葡萄酒产区最精华的核心地带。夏布利区主要出产干白;夜丘区主要出产红酒,世界上最昂贵的葡萄酒罗曼尼康帝(Romanee-Conti)在该区生产;博恩区是全球最顶尖的霞多丽产区,是天下第一白葡萄酒——蒙哈榭(Montrachet)的产区;马可内区主要出产白葡萄酒。

勃艮第(Burgundy)的主要葡萄品种非常简单,红葡萄主要是黑皮诺,白葡萄则是霞多丽。该区的葡萄酒大多采用单一葡萄酿造,品种特色明显。

(3)博若莱区(Beaujolais)

博若莱区(Beaujolais)位于勃艮第的南部,最主要的红葡萄品种是佳美(Gamay),主要用来生产法国 A.O.C 级别的葡萄酒中唯一当年产当年饮用的红葡萄酒 Beaujolais Nouveau（博若莱新酒）。在每年 11 月的第三个星期四，法国政府规定的新酒上市日，Beaujolais Nouveau 在全球统一上市。

（4）卢瓦尔河谷（Loire Valley）

卢瓦尔河谷（Loire Valley）位于法国西部偏北，是法国传统的四大酒区之一，历史十分悠久。卢瓦尔河谷主要的子产区有南特（Nantais）、安茹（Anjou）、都兰（Touraine）、索米尔（Saumer）、中央产区（Central Vineyards）。南特区主要出产干白；安茹区主要出产红、白与桃红葡萄酒，尤以桃红酒出名；都兰区红白酒都有出产；索米尔主要出产起泡酒；中央产区主要出产干白葡萄酒。出产清淡而干的酒品，该区出产的桃红葡萄酒是法国桃红葡萄酒出口最多的一种。

卢瓦尔河谷最主要的红葡萄品种是品丽珠（Cabenet Franc），白葡萄品种是长相思（Sauvignon Blanc）、白诗南（Chenin Blanc）和密斯卡岱（Muscadet）。长相思和密斯卡岱主要用于酿造干白，高酸度；白诗南用来酿造全系列葡萄酒，包括干白、半甜、甜白和起泡酒。

（5）阿尔萨斯（Alsace）

阿尔萨斯（Alsace）位于法国东北部，与德国仅一条莱茵河相隔，产品风格接近德国。该产区被公认为是世界上最佳白葡萄酒产区之一，其白葡萄酒在法国被称为"阿尔萨斯之泪"。该区的葡萄酒与法国其他葡萄酒不同，不以产区和酒庄命名，以葡萄品种命名。

（6）罗纳河谷（Rhone Valley）

罗纳河谷（Rhone Valley）地处法国东南部，是法国南方葡萄酒生产的发源地，是法国最大的法定红葡萄酒产区，第二大法定葡萄酒产区。以罗纳河为界分为南北两个部分，北部产量较少品质较高。该区 95% 以上的出产是红葡萄酒和桃红葡萄酒。

（7）普罗旺斯（Provence）

普罗旺斯位于法国南部地中海和阿尔卑斯山脉之间，是法国最古老的产区，是法国桃红葡萄酒的诞生地，是法国第一大桃红葡萄酒产区。该产区葡萄酒总产量的 75% 都是桃红葡萄酒，占整个法国桃红葡萄酒总产量的 45%。

（8）香槟区（Champagne）

香槟区（Champagne）位于法国东北部，是法国十大葡萄酒产区中最北部的产区，香槟产区出产的果香充沛、单宁含量较低的风格优雅、口感细致的香槟酒使这个产区闻名世界。香槟产区是法国最早使用原产地命名控制制度的地区，并且除了地区范围的限制，法律也严格规定了从葡萄品种到葡萄产量、葡萄的剪枝、葡萄株的高度、间距、密度和最少陈年时间等一系列要求，使香槟的质量得以根本保障。

（9）西南产区（South-West）

西南产区（South-West）位于法国西南，波尔多产区南侧，是法国最古老的产区之一，由于历史原因西南产区长期笼罩在波尔多的阴影之下。其实该产区可以说是整个法国葡萄酒产区中葡萄酒品种最全、风味最丰富多样的一个产区。

（10）朗格多克-鲁西荣（Languedoc-Roussillon）

朗格多克-鲁西荣（Languedoc-Roussillon）位于法国最南部，是法国日常餐酒的主要产区。

（11）汝拉-萨瓦（Juraet Savoie）

汝拉-萨瓦（Juraet Savoie）位于法国东部，靠近瑞士。在法国葡萄酒产区中属于鲜为人知的一个。该区葡萄种植面积狭小,产量不高,大部分生产白葡萄酒。所酿的葡萄酒风格独特,在法国众多葡萄酒中独树一帜。Vin Jaune(黄酒)、Vin de Paille(稻草酒)是该区两款最具特色的酒,酒液呈现金黄色,香味强烈。

(12) 科西嘉岛(Corsica)

科西嘉岛(Corsica)地处地中海,紧邻意大利,因此这个地区许多酿酒技术和葡萄品种都是来自于意大利。大部分用来酿造 Vin De France 等级的葡萄酒。

(二) 德国

德国葡萄酒历史悠久,独树一帜,尤以白葡萄酒最为著名。

1. 质量等级分类

德国于1971年开始立法对葡萄酒质量等级分类,最初分为三级,1982年起增加为四级。由低至高为:

日常餐酒(Tafelwein):等级最低的葡萄酒,是最普通的佐餐用酒。这类酒只能产自德国本土的葡萄庄园,德国品种也必须得到德国主管部分认可,果实天然酒精含量不能低于5%,发酵后不能低于8.5%。相当于法国的 Vins De Table。

特区日常餐酒(Landwein):1982年起增加的级别,品质比日常餐酒略高,要求注明产地,生产程序和口味标准也有严格规定。天然酒精含量必须高于5.5%,必须是干型或半干型,相当于法国的 Vins De Pays。

特区优质酒(QBA—Qualitatswein Bestimmer Anbaugebiete):这个等级的酒必须由德国13个特定产区所生产,使用规定的葡萄品种酿制,葡萄须达到一定熟度,以确保能表现出该产区葡萄酒的形态和传统口味。法律规定可以采用"加糖增酒精法"酿制的葡萄酒。

特级优质酒(QMP—Qualitatswein Mit Pradikat):德国最高等级的葡萄酒,绝对禁止人工添加糖分,视葡萄成熟程度的不同又细分为6种"谓称特性",这些特性须在酒标上标出。

(1) 一般特级优质酒(Kabinett):是用一般成熟度的葡萄酿制而成,通常比较清淡,酒精度至少在7°以上。

(2) 晚收特级优质酒(Spatlese):用比正常成熟度晚七天采摘的葡萄酿制。

(3) 精选特级优质酒(Auslese):用比 Spatlese 更晚摘,糖度更高的葡萄酿成,偶尔部分葡萄已经感染贵腐霉菌。

(4) 精选甜葡萄特级优质酒(BA—Beerenauslese):挑选更成熟、糖分更高的葡萄酿成、有一大部分的葡萄因感染贵腐霉菌糖分更浓缩。

(5) 精选干甜葡萄特级优质酒(TBA—Trockenbeerenauslese):全部采用已受贵腐菌侵袭、水分蒸发、萎缩像葡萄干的葡萄酿出的酒,是特级葡萄酒中的精品。

(6) 冰酒(Eiswein):是在结冰状况下采摘完全成熟葡萄酿制的甜酒,非常稀罕少有。

2. 产区

德国共有十三个优质葡萄酒产区,主要位于德国的西南部。其中最著名的四大产区是莫泽尔(Mosel)、莱茵高(Rheingau)、法尔兹(Pfalz)、莱茵黑森(Rheinhessen)。

(1) 莫泽尔(Mosel)

莫泽尔(Mosel)是被世界公认的德国最好的白葡萄酒产区之一。在世界顶级甜白葡萄酒领域,该区的伊慕酒庄(Egon Müller)可与法国伊甘酒庄(Chateau d'Yquem)齐名。

酒精致优雅,一般装在绿色的直型瓶子里,酒精浓度很少超过10%,一般在7.5%~8%之间。

(2) 莱茵高(Rheingau)

莱茵高是与莫泽尔齐名的德国顶尖雷司令产区,整个莱茵高都归属于一个产区——约翰山堡,因当地的一个著名酒厂而得名,区内有10个较大的葡萄园和120多个单一葡萄园。

(3) 法尔兹(Pfalz)

法尔兹(Pfalz)也被称作莱茵法尔兹(Rheinpfalz),是德国第二大葡萄产区。雷司令是当地最主要的葡萄品种,种植面积第二的则是红葡萄品种丹菲特,其他还有种植灰皮诺、白皮诺等。

(4) 莱茵黑森(Rheinhessen)

莱茵黑森(Rheinhessen)是德国最大的葡萄酒产区,该区出产最多的是质量平平的酒,最具代表性的是圣母之乳(Liebfraumilch)。

(三) 意大利

自古以来,意大利就是葡萄酒产国。目前意大利是世界上第二大葡萄酒生产国,仅次于法国。意大利生产的红葡萄酒最著名。

1. 质量等级分类

意大利从1963年开始制定葡萄酒分级制度,1966年正式实施,最初只有法定产区酒(D.O.C)和佐餐酒(V.D.T)两个等级,1980年增加了保证法定产区酒(D.O.C.G),1992年增加了典型产区酒(I.G.T),最终形成了现在的四级制。等级由低至高依次为:

佐餐酒(V.D.T)　泛指最普通品质的葡萄酒,对葡萄的产地、酿造方式等规定的不是很严格,酒标上不必列出葡萄品种或产酒区名称。

典型产区酒(I.G.T)　要求使用限定地区采摘的葡萄的比例至少要达到85%,该级别酒与法国V.D.P级别相较整体质量更高。另外,意大利酒庄使用外国葡萄作为原料只能使用I.G.T甚至V.D.T评级。

法定产区酒(D.O.C)　即控制原产地命名生产的葡萄酒,管制较多,要求在指定的地区,使用指定的葡萄品种,按指定方法酿造。同时必须遵守量化要求,葡萄到葡萄酒的产量应当在规定的数值之内。

保证法定产区酒(D.O.C.G)　即保证控制原产地命名生产的葡萄酒,是意大利葡萄酒的最高级别,瓶子上带有政府的质量印记。要接受比D.O.C级别更严格的葡萄酒生产与标示法规管制,并通过委员会的品尝认可。至少要在D.O.C.的级别停留5年以上。

2. 产区

意大利的葡萄酒产区划分与行政划分(20个省)一致,大体上归为西北、东北、中部和南部四个部分。其中最出名的是皮埃蒙特(Piedmont)和托斯卡纳(Tuscany)。D.O.C.G多来自这两区。

皮埃蒙特(Piedmont)位于意大利西北部,出产的葡萄酒(尤其是红葡萄酒)价格和品质都极高。意大利传统名酒中的Barolo(巴罗洛)及Barbaresco(巴巴拉斯高)酒来自该区。

托斯卡纳(Tuscany)位于意大利中部,意大利第一种D.O.C.G顶级酒Brunello(布鲁奈罗)来自该区。

(四)美国

美国是世界第四大葡萄酒生产国,产地主要包括加利福尼亚州(California)、华盛顿州(Washington)与俄勒冈州(Oregon)以及东岸的纽约州(New York)。

加利福尼亚州(California)是美国最大最主要的葡萄酒产区。纳帕谷(Napa Valley)是该区乃至全美最好的葡萄酒产地。

(五)澳大利亚

澳大利亚和美国一样也是新世界葡萄酒产酒国的代表之一。葡萄酒产地主要集中在南部沿海,主要包括新南威尔士州的猎人河谷(Hunter Valley)、滨海沿岸(Riverina),南澳洲的麦克拉伦(McLaren Vale)、河地(Riverland),西澳洲的玛格丽特河(Margaret River)、天鹅谷(Swan Valley),维多利亚州的路斯格兰(Rutherglen),塔斯马尼亚州的泰玛谷(Tamar Valley)等10个产区。

(六)中国

自1892年张弼士建立张裕公司,中国葡萄酒走向工业化生产的道路开始至今,中国已经发展成为全球第六大葡萄酒生产国。目前形成东北、胶东半岛、昌黎—怀来、清徐、银川、武威、吐鲁番、黄河故道和云南高原九大主要产地。著名品牌包括:张裕、长城、王朝、贺兰山、威龙等。

二 葡萄酒的饮用与服务

葡萄酒是各种酒水中饮用、服务最讲究的饮品,无论从杯型、饮用温度、酒菜搭配还是从服务的顺序、礼仪方面都有严格的要求。

一、葡萄酒杯准备

(一)常见葡萄酒杯类型

不同风格的葡萄酒需要用不同类型的酒杯来盛装才能突出其特点和风味,合适的酒杯可以通过合适杯型的引导将酒液引向舌头上最适宜的味觉区。因此,根据葡萄酒的个性差异,葡萄酒酒杯也可分为不同的类型。

(1)波尔多葡萄酒杯:杯身较长,杯口较窄,此杯形可令酒的气味聚集于杯口。适合大多数红葡萄酒。杯身长而杯壁呈弧线的郁金香杯形,杯壁的弧度可以有效地调节酒液在入口时的扩散方向。另外,较宽的杯口有利于更为敏锐地感觉到葡萄酒渐变的酒香。

(2)勃艮第葡萄酒杯:杯身较矮,其经典特征就是类似于气球的形状,也就是"杯肚大"。适合品尝果味浓郁的勃艮第红葡萄酒。因为其大肚子的球体造型正好可以引导葡萄酒从舌尖漫入,实现果味和酸味的充分交融;而向内收窄的杯口可以更好地凝聚勃艮第红葡萄酒潜在的酒香。

两种红葡萄酒杯相比,波尔多酒杯侧重的是"收香",勃艮第酒杯侧重的是"散香"。

(3)白葡萄酒杯:杯身较长,杯肚较瘦,像一朵待放的郁金香,较瘦的杯肚是为了减少酒和空气的接触,令香气留存的更持久一些。

(4)香槟杯:香槟杯适合所有起泡酒。其突出特点是杯身细长,给气泡预留了足够的上升空间。标准的香槟杯杯底都会有一个尖点,这样可以让气泡更加丰富且漂亮。冰酒也可以使用香槟杯来品尝。通常分郁金香型香槟杯和香槟笛杯。细长郁金香型的高脚杯像一只纤细的郁金香,比较受女性的喜爱,纤长的杯身是为了让气泡有足够的上升空间。而香槟笛杯纤长狭小,形状优雅,是品尝香槟的理想酒杯。

（5）另外有一种宽口浅杯的蝶形香槟杯,一般不用作品饮杯,用来堆香槟塔。

波尔多红酒杯　勃艮第红酒杯　白葡萄酒杯　郁金香型香槟杯　香槟笛杯

各式常见葡萄酒杯图

二、葡萄酒的最佳饮用温度

葡萄酒需要合适的温度来促使其品质的发挥,品种不同对饮用温度的要求也不同。理想的温度能够让葡萄酒的香气和风味完美地呈现出来。

（一）红葡萄酒的理想饮用温度

一般来说,红葡萄酒的最佳饮用温度应稍低于室温。温度过高会让红葡萄酒中的酚类物质加速氧化,香气物质太快挥发,失去其应有的强劲口感及独特的芳香和风味。18℃以上的温度足以让大多数红葡萄酒的风味尽失,宁愿偏低一点也不要偏高。温度稍低可以通过手掌的温度加温红葡萄酒。

依据葡萄酒的不同风格,不同红葡萄酒的最佳饮用温度也有所不同。酒体轻盈、果味浓郁的红葡萄酒如博若莱新酒(Beaujoulais),其最佳饮用温度就较低,为13℃左右;而那些中等酒体的红葡萄酒如黑皮诺葡萄酒(Pinot Noir)最佳饮用温度略高,为16℃左右;酒体醇厚的红葡萄酒如波尔多葡萄酒、赤霞珠葡萄酒(Cabernet Sauvignon)、梅洛葡萄酒(Merlot)和西拉葡萄酒(Shiraz)的最佳饮用温度更高一些,为17℃~18℃。

（二）白葡萄酒的理想饮用温度

相对于红葡萄酒的最佳饮用温度,白葡萄酒的温度比较低。大多数白葡萄酒的最佳饮用温度为10℃~13℃。而雷司令葡萄酒(Riesling)的最佳饮用温度比灰皮诺(Pinot Gris)或霞多丽葡萄酒(Chardonnay)的温度更低点。存放在刚拿出冰箱的白葡萄酒可以在开瓶前30~60分钟取出,让其自然升温,或者可以通过手掌的温度来加温温度过低的白葡萄酒。室温下储存的白葡萄酒,应该提前30~60分钟放入冰箱或是冰桶中降温。甜白葡萄酒的最佳饮用温度与起泡葡萄酒接近。

（三）起泡酒的理想饮用温度

起泡酒的理想饮用温度比白葡萄酒的温度更低一些,一般为6℃~8℃,存放在冰箱里的。因此起泡酒可以直接拿出享用,但如果开酒前冰镇15~20分钟其风味会更佳。

（四）加强酒的最佳饮用温度

加强型葡萄酒品种较多,风格复杂,最佳饮用温度也千差万别。一般说来,酒体轻、果味浓且年轻的葡萄酒最佳温度稍低,而陈年的、酒体重而结构复杂的最佳饮用温度则略高。一般的加烈酒的最佳饮用温度为17℃~18℃。

四、葡萄酒服务

（一）认识葡萄酒酒标

如同葡萄酒的身份证一样,每瓶葡萄酒都会有一到两个标签。贴在葡萄酒瓶正面的称为正标。贴在酒瓶反面的,称为背标。背标主要是介绍该葡萄酒及酒庄的背景,以及按照我国进口规定进口葡萄酒需要标注的中文信息,包括葡萄酒名称、进口或代理商、保质期、酒精含量、糖分含量等。

酒标上常见的内容有：

（1）酒庄或酒厂:该信息告诉你该款葡萄酒的出处,通常会标注在酒标的显眼位置,法国葡萄酒还会在酒标的顶部或底部用一小段文字介绍一番。在法国,常见以 Chateau 或 Domaine 开头。在新世界,多指葡萄酒厂或公司,或是注册商标。

（2）原产地：即葡萄酒的产区。多数旧世界有严格法律规定和制度,如法国以 A.O.C、意大利以 D.O.C 形式标明。香槟的原产地(A.O.C)就是以 Champagne 字样出现。新世界,一般直接标明产地、子产地,有些还标出产的葡萄园,如加州产地(California)、芳德酒园(Founder's Estate)等字样。不管是"旧世界"还是"新世界",酒标上的产区信息越具体表明该款葡萄酒的品质越高,当然其售价也越高。

（3）年份:酿造该款葡萄酒的葡萄采收的年份。不同年份的不同气候条件会导致葡萄品质的差异从而直接影响到葡萄酒所呈现出来的感觉。如果无年份标识,表明该葡萄酒是由几个年份的葡萄酒混合调配而成,整体上讲,多年份混酿葡萄酒(或称无年份葡萄酒)的品质并不高。

（4）葡萄品种:指葡萄酒酿制所选用的葡萄品种。新世界葡萄酒酒标上多标有品种;旧世界除了法国阿尔萨斯和德国,酒标上基本不标品种。按原产地命名法,某地区的酿酒葡萄品种是确定不变的,葡萄品种隐含定义在产地信息里。

（5）等级:旧世界葡萄酒生产国通常都有严格的品质管制和分级制度,在酒标上会明确标出。从酒标可看出该葡萄酒的等级高低。但新世界由于没有分级制度,没有标出。

（6）装瓶信息:注明葡萄酒在哪里或由谁装瓶。一般有酒厂、酒庄、批发商装瓶等。对于香槟则有酒商联合体(NM,绝大多数)、种植者(RM)、合作社(CM)等。酿酒厂自行装瓶的葡萄酒会标示"原酒庄装瓶",一般来说会比酒商装瓶的酒来得珍贵。

（7）糖分信息:表示酒的含糖量。不同国家标识不同。如干就有 Dry、Sec、Secco、Troken 等标法。

中文	英文	法文	意大利	德文
干	Dry	Sec	Secco	Trocken
半干	Medium-Dry	Demi-Sec	Semi-Secco	Halbtrocken
半甜	Mediun-Sweet	Moelleux	Amabile	Lieblich
甜	Sweet	Liquoreux	Dulce	Suss

（8）酒精浓度：通常以（°）或（％）表示酒精浓度。酒精浓度事实上包含了很多信息，如葡萄酒等级、产区、酒体风格等。如在"旧世界"产区中，酒精含量达到13.5%或更高的葡萄酒一般都是品质等级最高的；而"新世界"葡萄酒如美国的酒精含量都很高，它们一般由成熟度更高的葡萄酿造，通常其果味更加浓郁，但风味相对不那么突出。

（9）其他信息：根据各国法律要求标注的其他基本信息，包括容量、生产国家等。

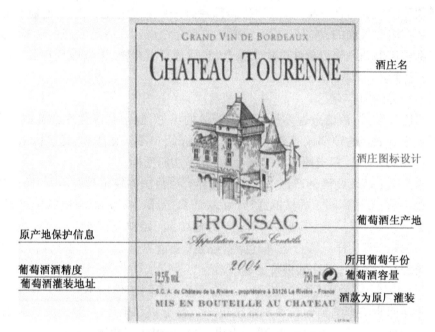

法国葡萄酒酒标图

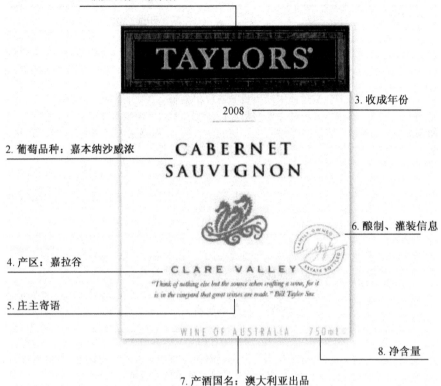

澳大利亚葡萄酒酒标图

（二）葡萄酒服务

红葡萄酒斟酒量一般为酒杯的1/3，不要超过酒杯的1/2。白葡萄酒斟酒量为酒杯的2/3。起泡酒先斟1/3，待起泡消退后再斟至七分满左右。

1. 红葡萄酒服务程序与标准

操作程序	操作标准及说明
1. 提供葡萄酒酒水单	（1）在出示给宾客前将酒水单打开 （2）应提供给宾客干净的酒水单，有损坏的酒水单交给您的主管 　　特别提示：酒水单代表酒店的形象
2. 协助宾客选择葡萄酒	（1）准备好向宾客推荐1~2种葡萄酒 （2）询问宾客的首选，帮助他们做出一个合适的选择 （3）要能够回答酒水单上关于葡萄酒或是香槟的任何问题 （4）允许宾客自己做任何选择 （5）总是支持宾客的选择 （6）提到酒时，说出酒的名字而非酒水单上的序号
3. 取酒	（1）在酒篮内铺上洁净的餐巾 （2）取出宾客所点的酒，将瓶外侧擦拭干净 （3）将酒瓶轻轻卧放于酒篮内，酒的商标朝上 　　特别提示：注意商标的洁净，酒篮的光亮

续表

操作程序	操作标准及说明
4. 开启葡萄酒	(1) 将酒从酒篮里取出向点酒的宾客展示,宾客确认以后放回酒篮 (2) 用酒钻上附带的小刀割开瓶颈上方外凸的铅封,这样可避免在倒酒时酒接触到铅封 (3) 将取下的铅封或金属铝箔封签放进自己的口袋中 (4) 用洁净的餐巾擦拭木塞顶部可能附着的毒或灰尘 (5) 将酒钻对准酒塞的中心插入,慢慢钻入酒塞内,轻轻将酒塞拔出,用力不要过猛,以防酒塞断裂,此过程中严禁转动或摆动酒瓶 (6) 用干净的餐巾把瓶口擦拭干净 (7) 将拔出的酒塞交与点酒的宾客评判酒的储存情况 特别提示:当着全体宾客的面开启红葡萄酒,这可是对服务能力的考验,优美的动作给人愉快的享受
5. 醒酒	(1) 询问宾客,在提供红酒服务之前,是否需要给红酒醒酒 (2) 如果宾客同意,就将酒打开后先不斟酒 特别提示:优质的红酒与空气接触后产生的变化是非常丰富的,就能将酒的香味完全释放出来
6. 品酒服务	(1) 将已开瓶的酒向点酒宾客酒杯注入1/5的杯量,帮助宾客在桌上轻轻晃动一下酒杯,以使酒与空气充分接触 (2) 允许宾客闻及品尝葡萄酒,征求宾客意见,是否可以立即斟酒 (3) 如果宾客对酒不满意,向宾客道歉,立即将酒撤走,并联系经理说明情况 特别提示:葡萄酒的服务仪式已经传了几个世纪了,根据这些仪式,您将带给宾客酒文化,可以让宾客享受到超值服务
7. 斟酒服务	(1) 斟酒时服务员须用右手拿住酒篮,从宾客右侧按顺时针方向服务,女士优先,先宾后主 (2) 商标须始终朝向客人 (3) 酒应倒至酒杯的1/2处 (4) 每斟完一杯酒将酒瓶按顺时针方向轻轻转一下,避免瓶口的酒滴在台面上 (5) 为所有宾客斟完酒后,将酒瓶连同酒篮一起轻放至点酒宾客的桌上或桌旁最近的边柜上,瓶口不可指向宾客 (6) 服务过程中动作要轻,避免酒中的沉淀物浮起,影响酒的质量 (7) 瓶中的酒只剩下一杯的酒量时,须及时征求宾客的意见,是否准备另外一瓶酒 特别提示:如沉淀物浮起应立即停止斟酒,将酒瓶立起静置候用或过滤后使用,并应及时向宾客说明情况

2. 过滤红葡萄酒服务程序与标准

操作程序	操作标准及说明
1. 准备	(1) 贮存年份较长的红葡萄酒易产生沉淀物,点用时须将酒过滤后再为宾客服务 (2) 将烛台、过滤瓶和需要过滤的红葡萄酒整齐地摆放在铺有台布的服务车上
2. 过滤	(1) 服务员将服务车轻轻推至宾客桌旁 (2) 点燃烛台上的蜡烛 (3) 将需过滤的红葡萄酒轻轻开启,以避免瓶底的沉淀物浮起 (4) 左手拿住过滤瓶,右手拿住红葡萄酒瓶,借助烛光将红葡萄酒缓慢地倒入过滤瓶中 (5) 如观察到红葡萄酒瓶中的沉淀物浮起,须将酒瓶静置一段时间后再继续过滤
3. 服务	(1) 将过滤完毕的红葡萄酒静置一段时间,使得空气与酒充分接触 (2) 用过滤瓶直接为宾客服务

3. 白葡萄酒或玫瑰葡萄酒服务程序与标准

操作程序	操作标准及说明
1. 准备	(1) 准备好冰桶 (2) 将酒从酒吧中取出,擦拭干净,放入冰桶冰冻 (3) 将酒连同冰桶架放到宾客桌旁不影响正常工作的位置 　　特别提示:酒瓶应洁净无损,商标完好
2. 酒瓶的开启	(1) 将酒从冰桶中取出,向点酒的宾客展示,宾客确认后放回冰桶 (2) 用酒刀将瓶口凸出的铝封割开,用餐巾将瓶口擦拭干净 (3) 将酒钻慢慢钻入酒塞内,轻轻将酒塞拔出,用力不宜过猛,以防酒塞断裂,此过程中严禁转动或摆动酒瓶 (4) 将拔出的酒塞交与宾客评判酒的储存情况 　　特别提示:酒钻慢慢钻入酒塞时,轻轻将酒塞拔出,用力不宜过猛,以防酒塞断裂
3. 品酒服务	(1) 将开瓶的酒从冰桶内抽出,用餐巾将瓶外侧的水擦拭干净,然后用餐巾包住酒瓶 (2) 向品酒的宾客酒杯中注入 1/5 杯容量的酒,帮助宾客在桌上轻轻晃动一下酒杯,以使酒与空气充分接触 (3) 宾客品过酒后,服务员须征求意见,是否可以立刻斟酒
4. 斟酒服务	(1) 斟酒时服务员须用右手握瓶,从宾客右侧按顺时针方向服务,女士优先,先宾后主 (2) 商标须始终朝向客人 (3) 酒须倾倒至酒杯的 1/3 处,以确保白葡萄酒应有的冰冷度 (4) 每斟完一杯酒将酒瓶按顺时针方向轻轻转一下,避免瓶口的酒滴在台面上 (5) 为所有的宾客斟完酒后,将酒瓶轻轻放回冰桶内 (6) 瓶中的酒只剩下一杯的酒量时,须及时征求主人的意见,是否准备另外一瓶酒 　　特别提示:注意酒杯的温度与满度

4. 香槟酒服务程序与标准

操作程序	操作标准及说明
1. 准备	(1) 准备好冰桶 (2) 将酒从酒吧中取出,擦拭干净,放入冰桶冰冻(温度应冷却至7℃)
2. 酒瓶的开启	(1) 将香槟酒从冰桶中取出向宾客展示,宾客确认后放回冰桶 (2) 用酒刀将瓶口处的锡纸割开取出,左手握住瓶颈,同时用拇指压住瓶塞,右手将扎瓶塞的铁丝拧开,取下 (3) 用餐巾包住瓶塞顶部,左手依旧握住瓶颈,右手握住瓶塞,双手同时反方向转动并缓慢地上提瓶塞直至瓶内气体将瓶塞完全顶出 (4) 开瓶时动作不宜过猛,以免发出过大的声音而影响宾客 特别提示:开启香槟时注意安全,瓶口应对向无人区域,以防瓶塞飞出伤人
3. 香槟酒的服务	(1) 用餐巾将瓶口和瓶身上的水擦拭干净,然后用餐巾包住酒瓶 (2) 用右手拇指抠住瓶底,其余四指分开,托住瓶身 (3) 向宾客杯中注入1/5的酒,交由宾客品尝 (4) 宾客品完认可后,服务员须征求意见,是否可以立即斟酒
4. 斟酒服务	(1) 斟酒时服务员须用右手握瓶,从宾客右侧按顺时针方向服务,女士优先,先宾后主 (2) 斟酒量为杯的2/3 (3) 每斟一杯酒最好分两次完成,以免杯中泡沫溢出,斟完后按顺时针方向轻轻转一下,避免瓶口的酒滴在台面上 (4) 商标须始终朝向宾客 (5) 为所有的宾客斟完酒后,将酒瓶轻轻放回冰桶内 (6) 服务过程中动作要缓慢,避免酒中的沉淀物浮起,影响酒的质量 (7) 瓶中的酒只剩下一杯的酒量时,须及时征求主人的意见,是否准备另外一瓶酒

考核指南

1. 基础知识部分 (笔试或口试)
(1) 说出法国、德国葡萄酒的等级划分。
(2) 简述葡萄酒的商标上有几项内容。
2. 服务技能部分 (实训室现场操作)
(1) 红葡萄酒的服务流程、操作程序和标准。
(2) 白葡萄酒的服务流程、操作程序和标准。
(3) 练习葡萄酒斟酒方法。

专题十一　啤酒服务

【学习目标】

1. 了解啤酒的酿造工艺。
2. 掌握啤酒的著名品牌。
3. 掌握啤酒的饮用方法。
4. 掌握啤酒的服务程序和标准。

一　啤酒基础知识

一、啤酒的定义

啤酒是继水和茶之后世界上消耗量排名第三的饮料,有"液体面包"之美誉。它是以麦芽、啤酒花、水、酵母为原料,经过发酵而得的含二氧化碳的低酒精饮料的总称。现在国际上的啤酒大部分均添加辅助原料。很多国家规定辅助原料的用量不能超过麦芽用量的50%。国际上常用的辅助原料为:玉米、大米、大麦、小麦、淀粉、糖浆和糖类物质等。啤酒具有很高的营养价值。

（一）啤酒鉴赏

啤酒的鉴赏,主要从四个方面进行。

1. 颜色

将啤酒倒入杯中,观看其颜色:淡啤颜色浅黄、清亮、透明,不浑浊;黄啤颜色金黄、有光泽;黑啤颜色棕黑,啤酒中无任何沉淀物(质量差的啤酒或冒牌啤酒中常有粉状沉淀物)颜色暗淡或酒中浑浊则表示啤酒已过期或变质。

2. 香味

啤酒的香味主要是麦芽的清香与酒陈化后的香醇气味,还含有少量的发酵气味,黑啤酒的香气稍微带点焦糊味,气味带酸或杂味,异味的啤酒不能饮用。

3. 口味

啤酒喝入口中常有香滑、可口、清爽且略带苦味的感觉,因其酒度低,喝下去并不觉得有明显的刺激性。

4. 泡沫

泡沫也是鉴定啤酒的一个方面,通常,啤酒泡沫越多越好,越白越好,越细越好,泡沫维持的时间越长越好。

（二）啤酒的质量鉴别

1. 查看生产日期

生产日期，判别啤酒新鲜度。啤酒的生产日期标在酒标上，酒标的上边印有1～12个数字，表明月份，左、下、右三边印有1～31个数字，表示日期，通常在表示月、日的数字上剪切一个缺口，表示啤酒罐装日期，也有在酒标上打印日期钢印表示。啤酒以出厂时间短的为好。

2. 观察色泽

啤酒的色泽深浅因品种而异，黄啤酒颜色为浅黄色，色泽以浅的为好；黑啤酒的色泽应呈深咖啡色。质量好的啤酒应酒液透明，不能有悬浮的颗粒，更不能有沉淀，如果啤酒出现失光现象，说明质量不合标准，不宜购买。

3. 察看泡沫

啤酒的泡沫对啤酒的质量有特殊的意义，它具有清凉爽口和解暑散热的作用（即所谓"杀口"），所以要求啤酒有丰富的泡沫。好的啤酒泡沫应洁白、细腻、均匀（既不全是大泡也不全是细沫）。优质啤酒在启开瓶盖时，可听到爆破音，接着瓶内应有泡沫升起，刚刚溢出瓶口为好。开瓶泡沫突涌的啤酒不能视为好啤酒。当缓缓注入杯中时，泡沫能迅速升起，酒液上部应有1/3～1/2容量充满泡沫，消失时间为4～5分钟为佳，且饮用完毕，杯壁应仍挂有花边样泡沫和滞物。

4. 嗅闻香气

用鼻子靠近酒杯闻其香气，优质啤酒应有酒花的清香和麦芽焦香。黄啤酒要求酒花清香突出，而黑啤酒还要求有明显的麦芽香。

5. 品评滋味

优质啤酒应味道纯正、新鲜、爽口，苦味柔和，香味突出，回味醇厚，并有爽快"杀口"感，无酵母味、苦涩味及其他异杂味。

二、啤酒的成分（原料）

啤酒有以下几种主要的原料酿造而成。

（一）大麦

大麦是酿造啤酒的重要原料，但是首先必须将其制成麦芽才能用于酿酒。大麦在人工控制和外界条件下发芽和干燥的过程即称为麦芽制造。麦芽确定了啤酒的颜色和气味。

（二）酿造用水

酿造用水的优劣直接影响到啤酒品质的优劣，尤其是用于制作麦芽和糖化的水。啤酒酿造用水量很大，对用水的基本要求是不含有妨碍糖化、发酵以及有害于色、香、味的物质。

（三）啤酒花

啤酒花俗称蛇麻花、忽布等，是一种多年生的缠绕草本植物。啤酒花具有的独特清爽的苦味，酒花被称为"啤酒的灵魂"，能够提供啤酒以独特的香气，并维持啤酒泡沫的稳定。

（四）酵母

酿酒所使用的酵母的种类很多，用于啤酒生产的酵母叫啤酒酵母。啤酒酵母分为上发酵酵母和下发酵酵母两种。上发酵酵母发酵产生的二氧化碳和泡沫将细泡漂浮于液面，最适宜的发酵温度为10℃～25℃，发酵期为5～7天；下发酵酵母在发酵时悬浮于发酵液中，发酵后凝聚而沉于底部，发酵温度是5℃～10℃，发酵期为6～12天。

三、啤酒的酿造工艺

（一）选麦

精选优质大麦洗干净,在槽中浸泡3天后送出芽室,在低温潮湿的空气中发芽1周,接着再将这些嫩绿的麦芽在热风中风干24小时,这样大麦就具备了啤酒所必须具备的颜色和风味。

（二）制浆

将风干的麦芽磨碎,加入适合温度的开水,制成麦芽浆。

（三）煮浆

将麦芽浆送进糖化槽,加入米淀粉煮成的糊,加温,这时麦芽酵素充分发挥作用,把淀粉转化为糖,产生麦芽糖般的汁液,过滤之后,加入蛇麻花煮沸,提炼出芳香和苦味。

（四）冷却

经过煮沸的麦芽浆冷却至5℃,然后加入酵母进行发酵。

（五）发酵

麦芽浆在发酵槽经过8天左右的发酵,大部分的糖和酒精都被二氧化碳分解,生涩的啤酒诞生。

（六）陈酿

经过发酵的生涩啤酒被送过调节罐中低温(0℃以下)陈酿2个月,陈酿期间,啤酒中的二氧化碳逐渐溶解渣滓沉淀,酒色开始变得透明。

（七）过滤

成熟后的啤酒经过离心器去除杂质,酒色完全透明成琥珀色,这就是通常所称的生啤酒,然后在酒液中注入二氧化碳或少量浓糖进行二次发酵。

（八）杀菌

酒液装入消毒过的瓶中,进行高温杀菌(俗称巴氏消毒)使酵母停止使用,这样瓶中的酒液就能耐久贮藏。

（九）包装销售

装瓶或装桶的啤酒经过最后的检验,贴上标签,包装销售便可以出厂上市。一般包装形式有瓶装、听装和桶装几种。

四、啤酒的分类

啤酒的品种繁多,各具特色,我们可以根据以下几种方法将啤酒分类。

（一）按颜色分

1. 淡色啤酒

淡色啤酒俗称黄啤酒,根据颜色深浅不同,又可分为三类:第一类是淡黄色啤酒,酒液淡黄,香气突出,清亮透明;第二类是金黄色啤酒,酒液金黄,口味清爽而醇厚;第三类是棕黄色啤酒,酒液褐黄,稍带焦香。淡色啤酒为啤酒产量最大的一种。

2. 深色啤酒

深色啤酒呈红棕色或红褐色。麦芽香味突出,口味醇厚,酒花苦味较轻。上发酵深色爱尔啤酒是典型例子,原料采用部分深色麦芽。

3. 黑色啤酒

黑色啤酒呈深褐色至黑色。酒度一般为8.5°产量较低麦汁浓度较高，麦芽香味突出，口味醇厚，泡沫细腻。苦味有轻有重。典型产品有慕尼黑啤酒。

（二）根据麦芽汁浓度分类

啤酒酒标上度数与白酒上的度数不同，它并非指酒精度，它的含义为麦芽汁的浓度，即啤酒发酵进罐时麦汁的浓度。主要的度数有18°、16°、14°、12°、11°、10°、8°啤酒。日常生活中我们饮用的啤酒多为11°、12°啤酒。

（1）低浓度啤酒：原麦汁浓度2.5°～8°，酒精含量2%左右。

（2）中浓度啤酒：原麦汁浓度9°～12°，酒精含量2.5%～3.5%。

（3）高浓度啤酒：原麦汁浓度13°～20°，酒精含量3.6%～5.5%。

（三）根据杀菌方法分类

（1）鲜啤酒：又称生啤，是指在生产中未经杀菌或经过瞬间杀菌的啤酒，符合饮用卫生标准。这种啤酒味道鲜美，酒花香味浓，更易于开胃健脾，但是容易变质，保质期7天左右。生啤有较高的营养价值，适合于当地现产现销。

（2）熟啤酒：经过杀菌消毒的啤酒，可防止酵母继续发酵和受微生物影响。因此可以存放较长时间，可用于外地销售。瓶装保质期为6个月左右；听装保质期为12个月左右。

（四）根据啤酒酵母性质分类

1. 下发酵啤酒

一般采用煮出糖化法抽取麦汁，下发酵酵母在较低的温度下（一般为5℃～10℃），经过前后两次发酵所制成的酒属下发酵啤酒。下发酵法生产时间长，但酒液澄清度好，酒的泡沫细腻，风味柔和，保存期较长。世界上大多数啤酒生产国多采用此法生产。国际著名的下发酵啤酒有拉戈啤酒、皮尔森啤酒、多特蒙德啤酒、博克啤酒等。

2. 上发酵啤酒

目前采用这种方法生产啤酒的主要国家是英国，其次是比利时、加拿大等国。但国际上采用此法生产的啤酒越来越少。发酵温度为15℃～20℃，啤酒成熟快、生产周期短、设备周转快、酒品具有独特风格，但产品保存期短。国外著名的上发酵啤酒有爱尔啤酒、波特啤酒、司陶特啤酒等。

（五）根据生产方法分类

（1）比尔森（Pelsen）啤酒原产于捷克、斯洛伐克，是目前世界上饮用人数最多的一种啤酒，是世界上啤酒的主导产品。中国目前绝大多数的啤酒均为此种啤酒。它是一种下发酵的浅色啤酒，特点为色泽浅，泡沫丰富，酒花香味浓，苦味重但不长，口味纯爽。

（2）多特蒙德（Dortmunder）啤酒是一种淡色的下发酵啤酒，原产于德国的多特蒙德。该啤酒颜色较深，苦味较轻，酒精含量较高，口味甘淡。

（3）慕尼黑（Mumich）啤酒是一种下发酵的浓色啤酒，原产于德国的慕尼黑。色泽较深，有浓郁的麦芽焦香味，口味浓醇而不甜，苦味较轻。

（4）博克（Bock）啤酒是一种下发酵的烈性啤酒，棕红色，原产地为德国。发酵度极低，有醇厚的麦芽香气，口感柔和醇厚，泡沫持久。

（5）英国棕色爱尔（English Brown Ale）啤酒是英国最畅销的爱尔啤酒。色泽呈琥珀色，麦芽香味浓，口感甜而醇厚，爽口微酸。

(6) 司都特(Stout)黑啤酒是一种爱尔兰生产的上发酵黑啤酒。都柏林 Guinmess 生产的司都特是世界上最受欢迎的品牌之一。特点是色泽深厚,酒花苦味重,有明显的焦香麦芽味,口感干而醇,泡沫好。

(7) 小麦啤酒(Wheat Beer)是在啤酒制作过程中添加部分小麦所生产的啤酒。此种啤酒的生产工艺要求较高,就的储藏期较短。此种啤酒的特点为色泽较浅,口感淡爽,苦味轻。

(六) 特殊类型啤酒

(1) 甜啤酒:它是一种加了果汁的啤酒,酒精度有时比一般淡啤酒高。这类啤酒既保留啤酒特有的风味,还有酸甜适口的果香,口感清爽,酒精度低,为消暑解渴之良品。

(2) 低醇啤酒:一般来说啤酒的酒精含量低于2.5%(V/V),称为低醇啤酒。

(3) 无醇啤酒:酒精含量低于0.5%(V/V)的啤酒称为无醇啤酒,这种啤酒是采用特殊的工艺方法抑制啤酒发酵时酒精成分或是先酿成普通啤酒后,采用蒸馏法、反渗透法或渗透法去除啤酒中的酒精成分,既保留啤酒原有的风味,又营养丰富、热值低,深受对酒精有禁忌者欢迎。

(4) 冰啤酒:最早由加拿大拉巴特(Labatt)公司开发,其酿造原理是将啤酒处于冰点温度,使之产生冷混浊(冰晶、蛋白质等),然后滤除,生产出清澈的啤酒,一般啤酒的酒精含量在3%~4%,而冰啤酒则在5.6%以上,高者可达10%,冰啤酒色泽特别清亮,口味柔和、醇厚、爽口,尤其适合年轻人饮用。

(5) 干啤酒:20世纪80年代末由日本朝日公司率先推出,一经推出大受欢迎。该啤酒的发酵度高,残糖低,二氧化碳含量高。故具有口味干爽、杀口力强等特点。

五、世界著名啤酒

啤酒品牌	生产国	简要说明	图片
百威(Budweiser)	美国	美国 ANHEUSER-BUSCH 集团公司出品,世界单一品牌销量最大的啤酒之一。	
蓝带(BlueRibbion)	美国	美国蓝带啤酒酿造有限公司于1844在美国威斯康星州成立,已有170年历史,曾多次获得世界博览会金奖。	
米勒纯正扎啤(Miller Genuine Draft)	美国	米勒公司是美国第二大啤酒企业,在美国销量领先。	

续表

啤酒品牌	生产国	简要说明	图片
布鲁克林啤酒（Brooklyn）	美国	该品牌由史蒂芬欣迪和汤姆波特于1987年创建,现今出产7种不同风格的啤酒。	
内华达山脉（Sierra Nevada）	美国	由加利福尼亚的内华达山脉啤酒酿造厂生产,美国国内知名啤酒。	
喜力（Heineken）	荷兰	荷兰喜力啤酒公司是世界上最具国际知名度的啤酒集团之一,在50个国家中,超过100个啤酒公司联营生产。	
科罗娜（Corona）	墨西哥	MODELO集团出品,目前其销量进入世界啤酒前五位,是我国酒吧爱好者最喜爱的品牌之一。	
嘉士伯（Carlsberg）	丹麦	CARLSBERG集团公司出品的世界著名啤酒品牌。嘉士伯公司是居世界领先地位的国际酿酒集团之一,于1847年在丹麦哥本哈根正式成立,现分别于全球40多个国家和地区设立啤酒厂,产品远销全球超过150个国家。	
普拉纳（Paulaner）	德国	普拉纳啤酒诞生于1634年,是德国家喻户晓的品牌。其炉火纯青的酿造工艺、特制麦芽、与众不同的发酵工艺和阿尔卑斯山冰川水,打造出与众不同的一款啤酒。	

续表

啤酒品牌	生产国	简要说明	图片
教士（Franziskaner）	德国	教士啤酒厂于1363年在慕尼黑建立。名字来源于方济会修道院对面的街道。在德国有很高的知名度，现在归属于英博集团。	
卡力特（Kostriker）	德国	德国卡力特啤酒选用特别精细的麦芽和滋香型的啤酒花，酿造出了风味独特的卡力特黑啤。卡力特啤酒严格按照德国1516年制定的啤酒纯净法来精心酿造，它不但具有纯麦芽和酒花的巧克力香味，而且口感柔和、回味甜爽、完美悠长。	
威兰仕（Hefeweissbier）	德国	德国帕尔克曼海姆酿酒公司主推产品，采用最先进的酿造工艺，酿造出来的啤酒口感细腻柔和，回味无穷，在小麦啤酒中享有很高的知名度。2009年获得德国权威质量检测机构DLG四项金奖。	
贝克（Beck's）	德国	德国出品的世界著名啤酒，2001年8月已被比利时"国际酿造"集团英特布鲁（Interbrew）收购。	
时代啤酒（Stella Artois）	比利时	比利时"国际酿造"集团英特布鲁（Interbrew）首推啤酒品牌。时代啤酒是比利时最知名的窖藏啤酒，在传统的酿造中心鲁汶生产。它的酿造历史可以追溯到1366年。	
健力士（Guinness）	爱尔兰	由都柏林的St James's Gate啤酒厂出品，远销全世界50多个国家和地区。	

续表

啤酒品牌	生产国	简要说明	图片
麒麟（Kilrin）	日本	由日本三大啤酒公司之一，世界前十大啤酒酿造商麒麟麦酒酿造会社生产，在日本和亚洲销量领先。	
朝日（Asahi）	日本	由朝日啤酒株式会社生产。其产品朝日舒波乐生啤已经成为世界上最畅销的生啤品牌。	
三得利（Suntory）	日本	三得利株式会社生产的啤酒在日本国内占有30%的市场份额，在中国也有很大的市场。	
生力（Sanmiguel）	菲律宾	亚洲最大的啤酒制造商，本部设在马尼拉。东南亚畅销啤酒之一。	
虎牌（Tiger）	新加坡	由新加坡亚太啤酒厂生产，是亚洲比较著名的啤酒。	
雪花（Snow）	中国	华润雪花啤酒有限公司成立于1994年，目前在中国经营超过95家啤酒厂，旗下含雪花啤酒品牌及30多个区域品牌，共占有中国啤酒市场23%的份额。	

续表

啤酒品牌	生产国	简要说明	图片
哈尔滨（Harbin）	中国	哈尔滨啤酒远销英国、美国、俄罗斯、日本、韩国、新加坡等30多个国家和地区。哈尔滨啤酒是2010南非世界杯足球赛官方指定啤酒。	
燕京（Yanjing）	中国	燕京啤酒经过多道工序精选优质大麦，选用无污染矿泉水，纯正优质啤酒花，典型高发酵度酵母，以适合中国人口味为坚持目标。	
青岛（Tsing Tao）	中国	在中国19个省、直辖市、自治区拥有50多家啤酒生产基地。青岛啤酒远销美国、日本、德国、法国、英国、意大利、加拿大、巴西、墨西哥等世界70多个国家和地区。2008年北京奥运会官方赞助商、世界品牌500强、世界第六大啤酒厂商。	

二　啤酒的饮用与服务

一、分量和酒杯

常见的标准啤酒杯有三种形状：第一种是皮尔森杯（Pilsner），杯口大，杯底小，呈喇叭形平底杯；第二种是类似皮尔森杯的高脚或矮脚杯；第三种是带把柄的扎啤（及高级桶装鲜啤酒）杯，酒杯容量大，一般用来服务桶装啤酒。啤酒杯的容量有0.2升、0.3升、0.5升、1升等。

二、饮用温度

为了发挥啤酒的最佳酒品风格，以保持丰富细腻的泡沫，并使啤酒既清新爽口，又透出非凡的味道，必须确保啤酒的最佳饮用温度。酒温过高，则啤酒泡沫多，持久性弱，二氧化碳不足，缺乏杀口力，口感酸涩；酒温过低则啤酒泡沫不够充盈，苦味突出，酒香丧失或降低，啤酒的最佳饮用温度与环境温度和储存温度相互关联。在对客服务前，啤酒都要进行冰镇，适宜低温饮用,酒温在10℃的状况下,啤酒的风味最佳,过于冰镇的啤酒,会使舌头冻麻,失去味觉。亦可根据饮用地区的气候和温度变化来适当调节啤酒的最佳饮用温度。室温条件下,啤酒的最佳温度为10℃左右;冬季啤酒的最佳饮用温度为10℃~12℃;而夏季气候炎热,啤酒的饮用温度在6℃~8℃更能使人觉得清凉解渴。

三、不同啤酒的斟倒方法

总的来说,如何倒啤酒没有一个硬性标准,即便如此,服务员在斟倒啤酒时还是应该根据每种啤酒的特点来服务,这样才能使饮用啤酒变成一种享受,下面介绍几种啤酒的服务方法。

(1) Ales:把啤酒轻轻地倒在倾斜的杯子内侧,当啤酒接近一半时再把啤酒杯竖起来,最后形成一层很厚实的啤酒泡沫。一般来说,这层啤酒泡沫大约有2厘米。

(2) Pilsners:把啤酒轻轻地倒在倾斜的杯子里,当啤酒接近一半时把啤酒杯竖立起来;倒啤酒时要注意让啤酒中的啤酒花香充分释放出来,而且啤酒泡沫要超过杯子顶端。

(3) Stouts:这种黑啤酒的倒酒方法分两个步骤,首先沿着被子的内侧慢慢地倒大约2/3;等啤酒泡沫平静下来后把啤酒倒在杯子中心上,再把杯子竖起来。

(4) Wheat Beers:由于大部分小麦啤酒中含有酵母和自然生成的沉淀,啤酒中含有更多的气体,因此这种啤酒应该和Ales一样轻轻地倒,比利时人甚至还会先把杯子弄湿来控制啤酒的泡沫,而德国的巴伐利亚,小麦啤酒通常要倒出很厚的泡沫,如果杯子里的啤酒看上去不够混浊,人们往往还要把啤酒中的沉淀也倒进杯子里。

四、啤酒服务方法

(一) 瓶装、听装啤酒的服务方法

(1) 将冰镇过的啤酒、啤酒杯和杯垫放于托盘上,送至宾客桌前,在宾客右侧服务。

(2) 先将杯垫放于宾客面前,杯垫微朝向客人,再将啤酒杯放于杯垫上。瓶装啤酒应在客人面前的工作台或桌面上打开,罐装啤酒应在客人面前的托盘上打开。

(3) 将啤酒顺杯壁斟入杯中,啤酒商标朝向宾客,斟倒时为了避免泡沫溢出杯口和控制泡沫厚度,应分两次斟倒,泡沫厚度宜占据杯口下沿1.5~2厘米,形状饱满呈冠状。泡沫与酒液的最佳比例是1:3。如果杯中啤酒少而泡沫太多并溢出,或无泡沫,都会使客人扫兴。

(4) 将斟倒后的啤酒瓶放于桌上,啤酒商标朝向宾客。

(5) 及时为宾客斟倒啤酒,空瓶即时撤走并询问是否加单。

(二) 桶装啤酒服务方法

将冰镇过的啤酒杯倾斜成45°角,低于啤酒桶开关2.5厘米,把开关打开,去掉酒头。当倒至杯子的一半时(有时候倒至2/3时,取决于啤酒的种类),将杯子直立,让啤酒流到杯子中央,再把开关开至最大,泡沫高于酒杯时关掉开关。根据杯子的大小,一般啤酒要倒入八分满,泡沫2厘米为佳。

五、啤酒服务程序

操作程序	操作标准及说明
1. 准备酒杯、用具	(1) 使用各种无把的平底啤酒杯,各种异形特色啤酒杯。份量在 8~16 盎司之间。 (2) 使用前轻度冷冻一下,以保持啤酒的饮用温度。 (3) 杯具干净,无水迹、破口。 (4) 杯垫干净,无破损,平整。 (5) 托盘干净,无破损。
2. 酒水服务	(1) 用托盘拿回啤酒及冰冻啤酒杯,若啤酒低温饮用,一般温度为3℃~5℃。 (2) 倒酒时,商标面对客人。 (3) 啤酒应倒八分满,泡沫满杯口,不溢出杯外。 (4) 如瓶中啤酒未倒完,应把啤酒商标面对客人,摆放在酒杯右上方。
3. 酒水添加	(1) 当宾客杯中酒水只剩下一半或者1/3时,询问宾客是否还要添加。 (2) 同桌宾客同时添加。 (3) 及时将空的酒瓶撤下台面。

考核指南

1. 基础知识部分 (笔试或口试)
(1) 啤酒的分类,分别说出著名的啤酒品牌。
(2) 如何鉴别啤酒的质量?
2. 服务技能部分 (实训室现场操作)
(1) 啤酒的服务流程、操作程序和标准。
(2) 练习啤酒斟酒方法。

专题十二　开胃酒服务

【学习目标】

1. 了解开胃酒的特点、生产工艺和分类。
2. 掌握开胃酒的著名品牌。
3. 熟练掌握开胃酒的基本服务技能。

一 开胃酒基础知识

一、开胃酒概述（Aperitifs）

"开胃酒"词来源于拉丁文"aperare"，其意为"打开"，指的是在正餐前打开食欲。从广义上说，开胃酒是指能够增进食欲的餐前酒。随着饮酒习惯的演变，开胃酒逐渐被专门用于指以葡萄酒或蒸馏酒为酒基，调入各种香料，并具有开胃功能的酒。现代开胃酒有三种主要类型，即味美思（Vermouth）、比特酒（Bitter）和茴香酒（Anise）。

二、味美思

味美思又称苦艾酒，它起源于希腊，发展于意大利，定名于德国。味美思酒是以葡萄酒为基酒，加入苦艾等25~40种植物和蒸馏酒配置而成，酒精含量在17%~20%之间。味美思以意大利、法国生产的最为著名。

（一）味美思的分类

常根据酒的颜色和含糖量分为以下四种：

1. 干性味美思（Dry，意大利文 Secco，法文 Sec）　干性味美思含糖量不超过44g/L，酒度18°左右。意大利产干性味美思呈淡白、淡黄色。法国产呈草黄、棕黄色。

2. 白色味美思（White，意大利文 Bianco，法文 Blanc）　白色味美思含糖量为120g/L左右，属半甜型酒，酒度18°，色泽呈金黄色，香气柔和，口味鲜嫩。

3. 红色味美思（Red，意大利文 Rosso，法文 Rouge）　该酒加入焦糖调色，因此色泽棕红、有焦糖的风味，含糖量为150g/L，酒度为18°。

4. 玫瑰红味美思（Rose）　该酒以玫瑰红葡萄酒为酒基，调入香料配制而成。口味微苦带甜，酒度为16°，酒液呈玫瑰红。

（二）味美思的主要生产国及名品

1. 意大利味美思（Italian Vermouth）

意大利以生产甜性红、白味美思著称，其中以意大利都灵（Turin）地区所生产的最为有名，其酒品风格要比法国同类产品更具特色。

名牌产品主要有：

（1）马天尼（Martini）

主要产品有马天尼干（Dry）：酒精含量为18%、无色透明。因该酒在制作的蒸馏过程中加入了柠檬皮及新鲜的小红莓，故酒香浓郁；马天尼半干（Bianco）：酒精含量为16%，呈浅黄色，含有香兰素等香味成分；马天尼甜（Sweet）：酒精含量为16%，呈红色，具有明显的当归药香，含有草药味和焦糖香。

（2）仙山露（Cinzano）

创立于1754年的仙山露公司采用优质葡萄酒加入众多香料调制而成。主要产品有干性、白色、红色三种，是意大利最著名的味美思之一。

(3) 干霞(Gancia)

主要产品也有干性、白色、红色三种类型味美思,公司 Gancia 位于意大利皮埃蒙特,是意大利著名的味美思品牌之一。主要品种有 Rosso Gancl Vermouth,色泽深红,芳香四溢、口味甘甜;Dry Ganci Vermouth,为不甜型产品。

2. 法国味美思(French Vermouth)

法国的味美思按酒法规定,必须以80%的白葡萄酒为酒基,所用的芳香植物也以苦艾为主。法国以生产干性白色味美思见长,酒液呈禾秆黄色,具有酒香,口味淡雅、苦涩味明显,更具刺激性。名牌产品有:

(1) 香百利(Chambery)

公司 Ets Chambery-comoz 位于法国。Sweet Chambery 为红苦艾酒,芳香浓郁,酒精含量高,为18%;Extra Sec Chambery 为白苦艾酒。

(2) 杜法尔(Duval)

制作时将植物香料切碎后,与原酒浸泡5~6天,静置澄清14天,再加入苦杏仁壳浸泡两个月而成。

(3) 诺瓦丽·普拉(Noilly Prat)

诺瓦丽·普拉味美思最具名气,干性诺瓦丽·普拉是调酒师必备的材料之一。

三、比特酒

取其音译,有"苦酒"之意。该类酒以葡萄酒或某些蒸馏酒或食用酒精为酒基,加入芳香植物和药材配制而成。其酒精含量为18%~49%,具有一定的苦涩味和药味。其香味,口味浓重且刺激性强。

(一) 比特酒种类

(1) 清香型和浓香型比特酒

(2) 淡色和深色

(3) 比特酒和比特精

(二) 名牌产品

(1) 金巴利 (Casmpari)　产自意大利的米兰,最著名的比特酒之一。其配料为橘皮等药材,苦味主要来自奎宁。酒精含量为23%,色泽鲜红,药香浓郁,口味略苦而可口,可加入柠檬皮和苏打水饮用,也可与意大利味美思兑饮。

(2) 杜本内 (Dubonnet)　产于法国巴黎。以白葡萄酒、金鸡纳树皮及其他草药为原料配制而成。酒精含量为16%,通常为暗红色,药香明显,苦中带甜,风格独特。

(3) 飘仙一号 (Pimms NO.1)　此酒清爽、略带甜味,适合制作一些清新的饮品,酒精含量为25%,产于英国,为金酒加味美思制作而成。

(4) 安德卜格 (Underberg)　产自德国,酒精含量为44%,呈殷红色,具有解酒的作用。这是一种40多种药材、香料浸渍而成的烈酒,通常采用20毫升的小瓶包装。

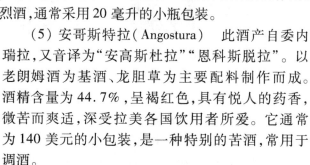

(5) 安哥斯特拉 (Angostura)　此酒产自委内瑞拉,又音译为"安高斯杜拉""恩科斯脱拉"。以老朗姆酒为基酒、龙胆草为主要配料制作而成。酒精含量为44.7%,呈褐红色,具有悦人的药香,微苦而爽适,深受拉美各国饮用者所爱。它通常为140美元的小包装,是一种特别的苦酒,常用于调酒。

(6) 比特 (Bitter)　产自德国,酒精含量为25%,该酒香味俱佳,但有苦味,深褐色酒质,以蒸馏酒及奎宁皮及其他药草调配而成。

(7) 苏滋 (Suze)　产自法国,酒精含量为16%,含糖量为16%,呈橘黄色,具有甘润而微苦的

味感。其配料为法国中部火山带生长20年的龙胆草的根块为香料。

(8) 阿贝诺 (Aperol)　产于意大利,酒精含量为11%,由蒸馏酒浸泡奎宁、龙胆草等过滤而成,因酒度较低,可直接用作开胃酒。

四、茴香酒

茴香酒以纯食用酒精或烈酒为基酒,加入茴香油或甜型大茴香子制成。通常具有明亮的光泽,具有浓郁的茴香气味,口味浓重且刺激性强。

(一) 茴香酒的特点

(1) 它有无色和染色之分,色泽因品种而异。

(2) 酒液视品种的不同而呈现不同的颜色。

(3) 茴香味很浓,味重而刺激。

(4)酒精含量在25%左右。

(二)名牌产品

(1)潘诺(Pernod) 产于法国,酒精含量为40%、含糖量为10%。使用了茴香等15种药材。呈浅青色,半透明状,具有浓烈的茴香味,饮用时加冰加水呈乳白色。该酒具有一股浓烈的草药气味,既香又甜,很吸引人,可作为上等的烹饪调味料。据说在18世纪中叶,一位叫Ordaire的法国医生在瑞士以白兰地、苦艾草、薄荷、荷兰根及茴香、玉桂皮等为材料,配制一种香味俱佳的餐后酒,受到人们的喜爱。1797年,他将配方售给另一位叫Pernod的法国人,此人就以自己的名字为酒名,在法国生产并得以流行。

(2)巴斯特51(Pastis 51) 又音译为巴斯的士,为染色酒,在调配时为使成品酒口味更为柔顺,加有甘草油。

(3)里卡德(Ricard) 为染色酒,这是全世界销量第一的大茴香酒,酒精含量为45%。

(4)伯格(Berger Blanc) 呈白色,口味清淡。

(5)海岸之雾(Kilstennebel) 产自德国,酒精含量为25%,以本国大茴香制成。

二 开胃酒的饮用与服务

一、酒杯与分量

杯具的选择可视酒品的分量或混合的配方,选用不同的酒杯。例如,纯饮味美思可用白葡萄酒杯;喝加冰块干性马天尼(Martini on the Rocks)可用高脚杯;喝金巴利加苏打水和冰块时,应选用平底高身杯。味美思的标准用量为每杯50毫升,比特酒为20~50毫升,茴香酒为20~30毫升。

二、饮用与服务方法

喝开胃酒时,一般要对水或调入其他饮料混合饮用,尤其是比特酒和茴香酒,兑水量为所用酒量的5~10倍,或依个人口味适当增减。味美思可纯饮或加冰块。

以白葡萄酒为酒基配制的开胃酒要冰镇后饮用。喝开胃酒时,一般加入橘皮、柠檬皮以增加香味。

需要说明的是,开胃酒具有清凉功能,应低温保存;同时,因开胃酒中含有奎宁成分,低温保存会产生一定的浑浊和沉淀,这是正常现象。

三、开胃酒服务程序和标准

操作程序	操作标准及说明
1. 准备酒杯、用具	(1) 净饮使用 Sherry 杯,加杯饮用时使用 Rock 杯,混合饮用时使用高脚杯,同时使用调酒杯和搅拌棒。 (2) 杯具干净,无水迹、破口。 (3) 杯垫干净,无破损,平整。 (4) 托盘干净,无破损。
2. 准备酒水	(1) 根据宾客要求采用杯具,加冰饮用时,在 Rock 杯中先加入 3 块左右冰块,净饮时,用高脚杯准备一杯冰水。 (2) 在吧台用量酒器将酒倒入杯中,开胃酒每份量在 42 毫升。 (3) 在杯中加入半片柠檬。 (4) 附加酒水倒入调酒杯中,由服务员在宾客面前服务。 (5) 混合饮用时,搅拌棒提前放入高脚杯中。味美思和比特酒用苏打水冲兑。
3. 服务酒水	(1) 与酒水服务相同。 (2) 免费配送指定小吃。

考 核 指 南

1. 基础知识部分 (笔试或口试)
(1) 味美思分几类?各有什么特点?
(2) 说出味美思的著名产地和名品。
(3) 分别说出比特酒和茴香酒的著名品牌及特点。
2. 服务技能部分 (实训室现场操作)
开胃酒的服务流程、操作程序和标准。

专题十三 甜食酒服务

【学习目标】
1. 了解甜食酒的特点、生产工艺和分类。
2. 掌握甜食酒的产地和著名品牌。
3. 熟练掌握甜食酒的基本服务技能。

一 甜食酒基础知识

一、甜食酒(Dessert Wine)概述

甜食酒,是以葡萄酒为酒基,调入蒸馏酒勾兑配制而成,故也称为强化葡萄酒(Fortified Wine)。甜食酒是一类佐助西餐甜食的酒精饮料,所以英语叫"Dessert Wine"。

甜食酒的糖度和酒度均高于一般的葡萄酒,达到25%左右。甜食酒的特点是口味较甜,常以葡萄酒为酒基,这与利口酒有明显的区别,后者虽然口味甜,但主要的酒基是蒸馏酒或食用酒精。甜食酒中的干涩品种,常被作为开胃酒来饮用。

世界著名的甜食酒生产国主要集中在欧洲南部,最著名的代表酒品有雪利酒和波特酒,其次是马德拉酒、马拉加酒和马萨拉酒。

二、雪利酒(Sherry)

"Sherry"产于西班牙的Jerez(加的斯),是西班牙的国酒。雪利酒在西班牙称Jerez,在法国称Xerds,在英国称Sherry。

(一)雪利酒的制作工艺

西班牙南部城市Jerez是以雪利酒而闻名的。用料选择加的斯巴洛来洛、白得洛斯麦勒、菲奴巴罗米洛葡萄及少量的玫瑰香葡萄。采下的葡萄在草席上晒1~2天,以达到榨取浓果汁的目的。然后装入长有菌膜的木桶里,只装2/3或3/4桶,发酵。第一次发酵为3~7天,其过程异常猛烈,三个月后开桶令空气进入。发酵完毕时的雪利酒为干型,即糖分已转化为酒精。以后的一或二月,在酒液表面长出"酒花"。

(二)雪利酒的分类

(1)干性雪利酒(Fino):以清淡著称,有新鲜的苹果或苦杏仁的香气,酒精含量为16%~18%。常被用作开胃酒,须冰镇后饮用。

(2)甜型雪利酒(Oloroso):酒呈黄色,酒质芳醇,带有核桃香味,口感浓烈,甘甜可口。酒精含量为18%~20%,酒龄长的酒精含量更高,是理想的甜食酒。

三、波特酒（Port）

波特酒为著名的甜葡萄酒、也是葡萄牙的国酒。该酒在发酵过程中加入酒精，使其酒度提高到 15°~20°，同时保留了相当高的糖度，是一种强化的葡萄酒。波特酒自问世以来，已有 100 多年的历史，80% 以上出口国际市场。长盛不衰的原因是它的产区具有得天独厚的适宜于葡萄栽培的条件以及夏季酷热和冬季严寒的气候因素。这种酒甜味适中，酒味浓醇清香。

（一）波特酒的制作工艺

波特乃葡萄牙的特产。葡萄牙法律明文规定必须由上杜洛河（Cima do Douro, Alto Douro）酿制的葡萄酒，加入葡萄牙葡萄酿制的白兰地来加强其酒精浓度。此外，必须是由奥波多（Oporto）港口运出者，才能称为"波特"。

在制作过程中，波特酒选用葡萄牙杜洛河谷及由此南进 320 公里的里斯本周围所产葡萄，其他任何地方任何方式生产的葡萄都不允许用以生产波特酒。而且所用葡萄必须完全成熟，糖度在 23~26BRIX（白糖糖度），采摘时剔去老烂变质及碰伤的原料。其主要问题是萃取足够成熟的葡萄的色泽，一般在破碎时加入二氧化硫（约每升葡萄糖浆加入 100 毫克）再加热至 50℃ 保持 24 小时，或瞬时加热至 60℃ 或更高温度，其色泽便很快提出。发酵时可用野生及人工培养的酵母，初发酵时为 2~4 天，同酿造葡萄酒相同要常常捣汁，残糖低至所需，也即酒度 6~8°，皮渣分离。酒液泵至桶内，加入原白兰地进行发酵贮存。至来年春季伊始，杜洛地区以葡萄园、作坊及农家为单位生产的葡萄酒，以木桶或木船运送至各个酒库贮存。运送过程中还须经过热灭菌、冷冻处理，以澄清酒液加以稳定并促进葡萄酒的老熟。存放 4~6 年，期间进行一到三次换桶。

（二）波特酒（Port）的分类

由于制造和贮存的方法不同，波特酒又分为多种不同的类型。风格有时相差很大，有些酒厂有时会依据市场的需要配制特殊口味的波特酒，但比较常见的波特酒可分为以下五大类。

（1）宝石红波特酒（Ruby）　这是所有波特酒中最年轻的一种，也比较简单，平易近人，以黑色水果香味为主，通常会混合不同年份的酒而成。由于装瓶前并没有经过太长的贮存培养，所以颜色殷红且深，可以用来搭配黑巧克力做成的甜点。

（2）陈年波特酒（Tany）该酒又叫茶色波特酒，属于经较长期橡木桶陈酿的波特酒，由于氧化的程度较高，颜色比较淡，呈橘红色，如果是经过数十年以上的陈年甚至可能呈琥珀色。各式的干果香是最常有的香味，通常比宝石红波特酒来得丰富且余味绵长，搭配乳酪干果甜点都不错。陈年波特酒陈年的差别从数年到数十年不等，品质和价格的差别颇大。

（3）年份波特酒（Vintage Port）珍罕而昂贵的波特酒只有在特殊年份才生产，而且都是挑选上等果区同一年份最优良的葡萄配制酒，酒色浓黑，酒体雄厚，结构感强，只经过两年的橡木桶贮藏就装瓶，但之后却需要经过数十年以上的等待才能达到最佳饮用期。由于装瓶前特优年份波特酒通常没有经过过滤的程序，所以酒的口感非常厚实，成熟后有非常丰富浓郁的香味，特别是饮后有很长的余香。

（4）特优年份波特酒（Quinta Vintage Port）该酒经贮存一段时间之后，常会出现沉淀，饮用前必须经过换瓶的程序。通常一家酒商会同时拥有数家酒厂（Quinta），如果是产自同一个酒厂的特优年份波特酒就可以称为 Single Quinta Vintage Port。

（5）迟装瓶型年份波特酒（L.B.V） 和特优年份波特酒一样，L.B.V也是采用同一年份的葡萄制成的，装瓶的时间比较晚，一般会经过4~6年的陈酿才装瓶。虽然不及特优年份波特酒来得浓郁，但却比较快达到成熟期，不用经过漫长的等待。

此外，还有白波特酒（White Port），白波特酒不及红酒出名，产量并不大，酿造法和红波特酒差不多，只是浸皮的时间缩短或者干脆没有而已。

（三）波特酒的名品

波特酒著名品牌产品有科伯恩（Cockburn）、桑德曼（Sandeman）、戴尔瓦（Dalva）、克罗夫特（Croft）、方瑟卡（Fonseca）、泰勒（Taylor's）等。

四、马德拉（Madeira）

该酒是用当地生产的葡萄酒与白兰地勾兑而成的一种强化葡萄酒。最好的马德拉酒是不用加温催熟，而是利用自然的日照，温和地把仓库温度提高，酒必须二十年以上方成熟，有些酒甚至达百年。

（一）马德拉酒的特点

马德拉酒酒精含量为16%~18%，其干涩强化葡萄酒是优质的开胃酒，甜型强化葡萄酒是著名的甜食酒。其中远年陈雄的酒是世界上最长寿的酒品之一，至今仍能找到具有200年酒龄且仍然生机勃勃的酒品。马德拉酒饮用初期须稍烫一下，越干越好喝。

（二）马德拉酒的分类

马德拉酒是以品种和商标的知名度来判断其品质，分为四大类：

（1）舍西亚尔（Sercial） 舍西亚尔酒液呈金黄或淡黄色，色泽艳丽、香气卓绝，带有清香的杏仁味，优美至极，人称"香魂"，属干型酒，是一种极好的开胃酒。口味醇厚、纯正，西餐厨师常用之为料酒。

（2）弗德罗（Verdelho） 也属干型酒，但比舍西亚尔略甜，很适合多数人的口味。酒液为金黄色，光泽动人，香气优雅，口味甘洌、醇厚、纯正，是马德拉酒中的精品。

（3）布拉尔（Bual） 属半甜型酒，色泽栗黄或棕黄，香气浓郁，富有个性，口味干润、浓醇，甜而不腻，最适宜作为甜食酒。

（4）玛尔姆赛（Malmsey 或 Malvasia） 属甜型酒，在马德拉酒中享誉最高。该酒呈褐黄或棕黄色，香气悦人，口味极佳，甜适润爽，比其他同类更醇厚、浓正，风格和酒体给人以富贵豪华的感受，是世界上最好的甜食酒之一。

（三）马德拉酒的名品

其著名品牌产品有利高克（Leacock）、博格斯（Borges）、马贝都王冠（Crown Barbeito）、法兰卡（Franca）等。

五、马拉加酒(Malaga)

通常以 Pedro、Ximenez、Moscatel 甜味雪利酒常用的品种为原料,也用来生产红葡萄酒,不过以白葡萄酒占绝大部分。芳醇香甜的马拉加酒最适合于做餐后酒。

马拉加酒色泽深黑,酒质圆润、饱满,酒精含量为14%~23%。此酒酒质在甜食酒和开胃酒饮品中,虽不及其他同类酒品,但它具有显著的滋补效用,比较适合病人及疗养者进补之用。

(一)马拉加酒(Malaga)的分类

此酒分类是按照色泽和干甜程度进行的。

(1)深甜马拉加(Malaga Dulce Color) 呈深褐色或浓栗色,发黑,口味甘甜。

(2)浅甜马拉加(Malaga Bianco Dulce) 呈金黄色或黄玉色,色泽浅,口味甜。

(3)干甜马拉加(Malaga Semi-Dulce) 呈金黄色或黄红色、口味较甜。

(4)耶稣马拉加(Malaga Lagrima&Lagrima Christi) 呈深黄色,无光泽,口味甜。

(5)干白马拉加(Malaga Blanco Seco) 色泽淡白,口味甘冽,回味适爽。

(6)麝香马拉加(Malaga Moscatel) 色泽呈琥珀黄,果味突出。

(7)比德罗西莫乃(Pedro Ximene) 呈红黄色,无光泽,口味甜浓。

(8)罗马马拉加(Malaga Roma) 呈金黄或淡红色,口味浓烈。

(9)帕雅尔特马拉加(Malaga Pajarete) 色泽呈琥珀黄,无光泽,口味浓烈。

(10)丁地药马拉加(Tintillo de Malaga) 呈红色,无光泽,口味醇正。

(二)马拉加酒的名品

马拉加酒的著名品牌产品有弗罗尔·海马诺斯(Florse-Hermanos)、菲利克斯(Felix)、黑交斯(Hijos)、约塞(Jose)、拉丽欧斯(Larios)、路易斯(Louis)、马大(Mata)等。

六、马萨拉酒(Marsala)

马萨拉酒以其独特的风格和品质闻名于世。马萨拉酒是以当地生产的葡萄为原料,先酿制成白葡萄酒,然后将白葡萄酒用文火加热24小时,使之浓缩至原来体积的1/3,变成浓稠、甜的焦糖色样体,再按比例调入蒸馏酒进行勾兑,最后陈酿而成。

马萨拉酒的风格类似雪利酒,又兼具马德拉酒的特点,酒味香醇,略带焦糖味,酒液呈金黄色,酒精含量为18%左右。

(一)马萨拉酒(Marsala)的分类

马萨拉酒按陈酿的时间可分为以下四种类型:

(1)精酿(Marsala Fine) 最少陈酿4个月,酒精含量不低于17%。这种酒在美国销量最大,常标以 I.P.(Italian Particular 的缩写)。

（2）优酿（Marsala Superior）　最少陈酿2年，酒精含量不低于17%，有干型和甜型两种。该类酒有爽口的苦味和焦糖风味。

（3）特制酿（Marsala Special）　该类酒在收获的第二年七月后才能出售，酒精含量为18%以上。这种酒可加各种辅香剂，如咖啡、可可、杏仁、奶油、鸡蛋等形成各种香型的甜食酒。

（4）特精酿（Marsala Verfine）　陈酿最少5年，酒精含量不低于18%，如果操作得当能陈酿10~15年。

(二) 马萨拉酒(Marsala)的名品

马萨拉酒的著名产品主要有佛罗里欧(Florio)、厨师长(Gran Chef)、拉罗(Rallo)、佩勒克利诺(Pellegrino)、史密斯·伍德郝斯(Smith Wood House)等。

二　甜食酒的饮用与服务

一、酒杯与分量

甜食酒可选用红、白葡萄酒杯具服务，但雪利酒和波特酒则用各自的专用杯具。甜食酒的标准用量为每位客人50毫升。

二、饮用方法

(1) 甜食酒一律纯饮,不宜兑水或加入其他饮料混合饮用。

(2) 根据酒品本身的特点和不同国家的饮食习惯,甜食酒的品种中有的作为开胃酒,有的作为餐后酒。如雪利酒中菲奴(Fino)酒品,常被用来作为开胃酒,而奥罗露索(Oloraso)酒品则可用来佐甜食,用作甜食酒;波特酒的饮用时机,视不同国家的饮用习惯而有差异。如英语国家常将其作为餐后酒饮用,法、葡、德及其他国家则常用其作为餐前酒。一般来说,所有干型甜食酒作为开胃酒,甜型酒品则作为佐食甜点或在餐后饮用。

(3) 陈年红色甜食酒因有沉淀须滤酒后饮用。红甜食酒开瓶后应一次性用完,否则,所剩的酒会迅速氧化而改变风味;白甜食酒开瓶后也不宜久存,最好在两天内喝完,剩余的酒应放冰箱内待用。

(4) 白甜食酒要冰镇后饮用,温度在10℃左右,红甜食酒可以常温饮用。甜食酒的保存方法与葡萄酒相似。

三、甜食酒服务程序和标准

操作程序	操作标准及说明
1. 准备酒杯、用具	(1) 净饮使用 Sherry 杯,加杯饮用时使用 Rock 杯,混合饮用时使用高脚杯,同时使用调酒杯和搅拌棒。 (2) 杯具干净,无水迹、破口。 (3) 杯垫干净,无破损,平整。 (4) 托盘干净,无破损。
2. 准备酒水	(1) 甜食酒采用红、白葡萄酒杯,加冰饮用时,在 Rock 杯中先加入3块左右冰块,净饮时,用高脚杯准备一杯冰水。 (2) 在吧台用量酒器将酒倒入杯中,开胃酒每份量在50毫升。 (3) 由服务员在宾客面前服务。
3. 服务酒水	(1) 与酒水服务相同。 (2) 免费配送指定小吃。

考 核 指 南

1. 基础知识部分 (笔试或口试)

(1) 简述雪利酒的生产工艺。

(2) 简述波特酒的特点与生产工艺。

2. 服务技能部分 (实训室现场操作)

掌握甜食酒的服务流程、操作程序和标准。

专题十四　利口酒服务

【学习目标】
1. 了解利口酒的特点、生产工艺和分类。
2. 掌握利口酒的产地和著名品牌。
3. 熟练掌握利口酒的基本服务技能。

一　利口酒基础知识

一、利口酒(Liqueurs)概述

利口酒是英文"Liqueur"一词的译音,美国人称其为Cordial(拉丁文),与Liqueur同义,意为心脏,指酒对心脏有刺激作用,而在法国却有人称它为Digestifs,是指这种酒有助于消化。我国港、澳、台地区称利口酒为"力娇酒"。利口酒香味浓郁,含糖量高,故又叫"香甜酒"。

利口酒创始于公元1137年,为了调和葡萄酒中的酸味,掺入蜂蜜、香草、大茴香等的材料,再以毛袋过滤制作而成。之后把柠檬、橘子花、香料等的香味用酒精析出,再配上颜色创新了利口酒的制造方式。

到16世纪意大利人制作过程中,把蒸馏过的葡萄酒稀释,加入肉桂、大茴香籽、麝香、糖等配料,并加以创新,制成利口酒,使之声誉鹊起。

二、利口酒的制作工艺

(一) 蒸馏法　把基酒和香料同置于锅中蒸馏而成,如香草类利口酒多用此法制成。
(二) 浸渍法　把配料浸入酒中,让香味和成分自然地释出,如梅子酒是用此法制成的。
(三) 滤出法　在滤网里放入原料置于酒糟中,滤出香味和成分。
(四) 香精法　配制香料或合成品调入基酒中。

三、利口酒的分类

(一) 果料利口酒(Liqueurs de Fruits)
果料利口酒以果实,包括苹果、樱桃、柠檬、草莓等果皮及其肉质为辅料与酒基配制而成。主要采用浸泡法配制,具有天然水果的色泽,风格明显,口味清新,适宜新鲜时饮用。

(二) 草料利口酒(Liqueurs de Plants)
草料利口酒是以草本植物,包括金鸡纳树皮、樟树皮、当归、龙胆果、甘草、姜黄及各种花类等为辅料,与酒基配制而成,该酒一般是无色的,如果有颜色,也是外加的。这类酒是利口

酒中的高级品。

（三）种料利口酒（Liqurures de Graines）

该酒是以植物种子，如茴香子、杏仁、丁香、可可豆、咖啡豆、松果、胡椒等为辅料，与酒基配制而成。通常选用香味较强、含油量较高的坚果种子。该酒与草料利口酒一样，酒液是无色的。

四、利口酒的名品

（一）果料利口酒（Liqueurs de fruits）

果料利口酒一般采用浸渍法酿制，其突出的风格是口味清爽新鲜。

1. 库拉索酒（Curacao）

库拉索酒产于荷属库拉索岛。该岛位于离委内瑞拉加公司的加勒比海中。库拉索酒是由橘子皮调香浸制成的利口酒。有无色透明的、也有呈粉红色、绿色、蓝色的，橘香悦人、香馨优雅，味微苦但十分爽口。酒精度在25°～35°之间，比较适合作为餐后酒或配制鸡尾酒。

2. 大马尼尔酒（Grand Manier）

大马尼尔酒又叫作金万利，产于法国的干邑地区。橘香突出，口味凶烈，劲大，甘甜，醇浓，酒度在40°左右。大马尼尔酒有红标和黄标两种，红标是以科涅克（Cognac）为酒基，黄标则是以其他蒸馏酒为酒基，均属特精制利口酒。

大马尼尔酒厂积累超过一世纪的经验，酿制了香橙干邑白兰地。其五花八门的饮用方法，为不同消费者提供了各种款式的鸡尾酒品。

3. 库舍涅橘酒（Cusenier Orange）

库舍涅橘酒产于法国巴黎，配制原料是苦橘和甜橘皮，库舍涅橘酒也是库拉索的仿制品，风格与库拉索相仿，酒度为40°。

4. 君度酒（Cointreau）

君度酒在世界上很有名气，产量较大，主要由法国和美国的君度酒厂生产。是用苦橘皮和甜橘皮浸渍而成,也是库拉索酒的仿制品。酒度40°,较适于餐后酒和兑水饮料。

君度是一种晶莹剔透的利口酒,由来自世界各地的甜味、苦味橙皮完美混合制成。在1875年,其主要配方由公司创始人的儿子爱德华·君度(Edward Cointreau)发明,并由此作为一个秘方保留下来,不断传给君度家族优秀的后代。

5. 马拉希奴酒(Maraschino)

马拉希奴酒又名"马拉斯钦"(Marasquin),原产于南斯拉夫境内的萨拉(Zara)一带,一次世界大战后转向意大利威尼斯地区,主要产于帕多瓦(Padoue)附近。

马拉希奴酒制作时,先将樱桃带核制成樱桃酒,再兑入蒸馏酒配制成利口酒。马拉希奴酒有两个牌号,一个叫Luxado,一个叫Drioli,它们都具有浓郁的果香,口味酒度在25°上下,属精制利口酒,适于餐后或配制鸡尾酒。

6. 利口杏酒(Liqueursde Apricots)

杏子是利口酒极好的配料可以直接浸渍,也可以先制成杏酒,再兑入白兰地。酒度在20°~30°之间。世界较有名的利口杏酒有:Keskmet(凯克斯克麦特),产于匈牙利;Bricotine Garnier(加尼尔杏酒),产于法国。

7. 卡悉酒(Cassis)

卡悉酒又名黑加仑子酒,产于法国第荣(Dijon)一带,酒呈深红色,乳状,果香优雅,口味甘润。维生素C的含量十分丰富,是利口酒中最富营养的饮品。酒度在20°~30°之间,适于餐后、兑水、配制鸡尾酒饮用等。

卡悉的名牌产品有第荣卡悉(Cassis de Dijon)、博恩卡悉(Cassis de Beaune)、悉斯卡(Sisca)、超级卡悉(Super Cassis)等。

此外,可用来配制利口酒的果料有很多,例如,菠萝、香蕉、草莓、覆盆子、橘子、柠檬、李子、柚子、桑葚、椰子、甜瓜等。

(二) 草料利口酒(Liqueurs de Plantes)

草料利口酒的配制原料是草本植物,制酒工艺较为复杂,让人感到神秘难测。生产者对其配方严加保密,人们只能了解其中的大概情况。

1. 修道院酒(Chartreuse)

修道院酒是法国修士发明的一种驰名世界的配制酒,目前仍然由法国依赛(lsrere)地区的卡尔特教团大修道院所生产。修道院酒的秘方至今仍掌握在教士们的手中,从不披露。经分析表明:该酒用葡萄蒸馏酒为酒基,浸制 130 余种阿尔卑斯山区的草药,其中有虎耳草、风铃草、龙胆草等,再配兑以蜂蜜等原料,成酒须陈酿 3 年以上,有的长达 12 年之久。

修道院酒中最有名的叫修道院绿酒(Chartreuse Verte),酒度 55°左右;其次是修道院黄酒(Chartreuse Jaune),酒度 40°左右;陈酿绿酒(V. E. P. Verte),54°左右;陈酿黄酒(V. E. P. Jaune),42°左右;驰酒(Elixir),71°左右。修道院酒是草类利口酒中一个主要品种,属特精制利口酒。

2. 修士酒(Benedictine)

修士酒音译为本尼狄克丁,也被称为泵酒。此酒产于法国诺曼底地区的费康(Fecamp),是很有名的一种利口酒。修士酒用葡萄蒸馏酒做酒基,用 27 种草药调香,其中有海索草、蜜蜂花、当归、芫荽、丁香、肉豆蔻、茶叶、桂皮等,再掺兑糖液和蜂蜜,经过提炼、冲沏、浸泡、掐头去尾、勾兑等工序最后制成。

修士酒在世界市场上获得了很大成功。生产者又用修士酒和白兰地兑和,制出另一新产品,命名为"B & B"(Benedictine and Brandy),酒度为 43°,属特精制利口酒。修士酒瓶上标有"D. O. M"字样,是一宗教格言"Deo Optimo Maximo"的缩写,意为"奉给伟大圣明的上帝"。

3. 衣扎拉酒(Izarra)

衣扎拉酒产于法国巴斯克(Basque)地区,在巴斯克族语中,Izarra是"星星"的意思,所以衣扎拉酒又名"巴斯克星酒"。该酒调香以草类为主,也有果类和种类,先用草料与蒸馏酒做成香精,再将其兑入浸有果料和种料的雅文邑(Armagnac)酒液,加入糖和蜂蜜,最后用藏红花染色而成。衣扎拉酒也有绿酒和黄酒之分,绿酒含有48种香料,酒度是48°;黄酒含有32种香料,酒度40°。它们均属于特精制利口酒。

4. 马鞭草酒(Verveine)

马鞭草具有清香味和药用功能,用马鞭草浸制的利口酒是一种高级药酒。主要有三个品种:Verveine Verte Brandy(马鞭草绿白兰地酒),酒度为55°;Verveine Verte(马鞭草绿酒),酒度50°;Verveine Jaune(马鞭草黄酒),酒度40°,均属特精制利口酒。最出名的马鞭草利口酒是Verveine de Velay(弗莱马鞭草酒)。

5. 杜林标酒(Drambuie)

产于英国爱丁堡的杜林标利口酒是一种以威士忌酒为基酒、用蜂蜜增甜的利口酒,其主体风味为苏格兰威士忌酒的烟熏味。据说,杜林标利口酒可追溯到酿造蜂蜜酒的盖尔特人和掌握蒸馏技艺的北爱尔兰僧侣,当时他们定居在苏格兰高地。杜林标酒的名称"DrambLIie"也来自盖尔特人的克特语"Dran Buidheach",意思是"一种满意的饮料"。

6. 利口乳酒(Cremes)

利口乳酒是一种比较浓稠的利口酒,以草料调配的乳酒比较多,如薄荷乳酒(Cremede Menthe)、玫瑰乳酒(Cremede Rose)、香草乳酒(CremedeVanille)、紫罗兰乳酒(Cremede Violette)、桂皮乳酒(Cremede Cannelle)。

7. 加里安诺(Galliano)

加里安诺(Galliano)是意大利有名的香草类利口酒。它是以食用酒精做基酒,加入了30多种香草酿造出来的金色甜酒,味道醇美,香味浓郁,将其装盛在高身而细长的酒瓶内,商标上有一个红色的碉堡,纸盒上有一戎装军人影像。

(三) 种料利口酒(Liqueurs de Graines)

种料利口酒是用植物的种子为基本原料配制的利口酒。用以配料的植物种子有许多种，制酒者往往选用那些香味较强，含油较高的坚果种子进行配制加工。

1. 茴香利口酒（Anisette）

茴香利口酒起源于荷兰的阿姆斯特丹（Amsterdam），为地中海诸国最流行的利口酒之一。法国、意大利、西班牙、希腊、土耳其等国均生产茴香利口酒，其中以法国和意大利的最为有名。

先用茴香和酒精制成香精，再兑以蒸馏酒基和糖液，搅拌，冷处理，澄清而成，酒度在30°左右。茴香利口酒中最出名的叫玛丽·布利查（Marie Brizard），是18世纪一位法国女郎的名字，该酒又称作波尔多茴香酒（Anisettes de Bordeaux），产于法国。

2. 顾美露（Kummel）

顾美露的原料是一种野生的茴香植物，名叫"加维茴香"（Carvi），主要生长在北欧。顾美露产于荷兰和德国。较为出名的产品有：阿拉西（Allash，荷兰）、波尔斯（Bols，荷兰）、弗金克（Fockink，荷兰）、沃尔夫斯密德（Wolfschmidt，德国）、曼珍道夫（Mentzendorf，德国）。

3. 蛋黄酒（Advocaat）

蛋黄酒产于荷兰和德国，主要配料用鸡蛋黄和杜松子。香气独特口味鲜美。酒度在15°～20°左右。蛋黄酒是以白兰地为酒基，鸡蛋黄为主要调香原料精制而成，故又称"蛋黄白兰地"。该酒呈蛋黄色，颜色鲜艳突出，香色独特，有较浓郁的蛋黄香味，富含维生素A、维生素B、脂肪及蛋白质等营养成分，故需低温保存并避免阳光。

4. 咖啡乳酒（Crème de Cafe）

咖啡乳酒主要产于咖啡生产国，它的原料是咖啡豆。制作过程中，先焙烘粉碎咖啡豆，再进行浸制和蒸馏，然后将不同的酒液进行勾兑，加糖处理，澄清过滤而成。酒度26°左右。咖啡乳酒属普通利口酒，较出名的有：卡鲁瓦（Kahta，墨西哥）、添万利（Tia Maria，牙买加）、爱尔兰绒（Irish Velvet，爱尔兰）、巴笛奶（Bardinet，法国）、巴黎佐（Parizot，法国）。

5. 可可乳酒（Crème de Cacao）

可可乳酒主要产于西印度群岛，它的原料是可可豆种子。制酒时，将可可豆经烘焙粉碎后浸入酒精中，取一部分直接蒸馏提取酒液。然后将这两部分酒液勾兑，再加入香草和糖浆制成。较为出名的可可乳酒有：朱傲可可（Cacao Chouao）、亚非可可（Afrikoko）、可可利口（Lqueur de Cacao）。

6. 杏仁利口酒（Liqueurs de Almondes）

杏仁利口酒以杏仁和其他果仁为配料，酒液绛红发黑，果香突出,口味甘美。较为有名的杏仁利口酒有:阿玛雷托(Amaretto,意大利)、仁乳酒(Crème de noyaux,法国)、阿尔蒙利口(Almond liqueurs,英国)。

二 利口酒的饮用与服务

一、酒杯与分量

纯饮利口酒时可用利口酒杯;加入冰块时可用古典杯或葡萄酒杯;加苏打水或果汁饮料时,用果汁杯或高身杯。利口酒每份的标准用量为25毫升。

二、饮用方法

(1) 纯饮法选用纯度高的利口酒,倒在专用杯里,用嘴一点点慢慢地啜,细细品饮,但多数人认为这样喝太甜太腻,可采用其他饮用方法。

(2) 兑饮法也就是加苏打水或矿泉水饮用法。不论哪一种甜酒,喝前先将酒倒入平底杯中,其数量约为杯子容量的60%,再加满苏打水即可。如觉得水分过多,可添加一些柠檬汁,以半个柠檬的量较合适,在上面可再加碎冰。若是鸡尾酒的话,可加入适量柠檬汁。

(3) 碎冰法先做碎冰,即用布将冰块包起,用锤子敲碎,然后将碎冰倒入鸡尾酒杯或葡萄酒杯内,再倒入甜酒,插入吸管即可。

(4) 其他方法,也可将利口酒加在冰淇淋或果冻上饮用。

三、利口酒服务程序和标准

操作程序	操作标准及说明
1. 准备酒杯、用具	(1) 净饮使用 Sherry 杯,加杯饮用时使用 Rock 杯,混合饮用时使用高脚杯,同时使用调酒杯和搅拌棒。 (2) 杯具干净,无水迹、破口。 (3) 杯垫干净,无破损,平整。 (4) 托盘干净,无破损。
2. 准备酒水	(1) 根据宾客要求采用杯具,加冰饮用时,在 Rock 杯中先加入3块左右冰块;净饮时,用高脚杯准备一杯冰水。 (2) 在吧台用量酒器将酒倒入杯中,开胃酒每份量在30毫升。 (3) 附加酒水倒入调酒杯中,由服务员在宾客面前服务。 (4) 混合饮用时,搅拌棒提前放入高脚杯中。 (5) 果料利口酒饮用时最好冰镇,草料利口酒宜冰镇饮用,种料利口酒采用常温饮用,乳脂利口酒采用冰桶降温后饮用。
3. 服务酒水	(1) 与酒水服务相同。 (2) 免费配送指定小吃。

考核指南

1. 基础知识部分 （笔试或口试）
（1）说出利口酒的分类、著名品牌及特点。
（2）说出利口酒的生产方式。
2. 服务技能部分 （实训室现场操作）
掌握利口酒的服务工作流程、操作程序和标准。

模块三 酒水调制技艺

专题十五 鸡尾酒调制

【学习目标】

1. 掌握鸡尾酒的概念、构成。
2. 了解鸡尾酒的分类。
3. 了解调酒的术语、原则和鸡尾酒配方。
4. 掌握调酒的方法和技巧,熟练地制作各种鸡尾酒。

一 鸡尾酒基础知识

一、鸡尾酒定义

关于鸡尾酒的由来,有很多种不同的说法。某天一次宴会过后,席上剩下各种不同的酒,有的杯里剩下 1/4,有的杯里剩下 1/2。有个清理桌子的伙计,将各种剩下的酒,用三五个杯子混在一起,一尝味道却比原来各种单一的酒要好。接着,伙计按不同组合混合,种种如此。以后他便将这些混合酒分给大家喝,结果评价很高,于是,这种混合饮酒的方法出了名,并流传开来。

"鸡尾酒"一词由英文 Cock(公鸡)和 tail(尾)两词组成的。鸡尾酒(Cocktail)是由两种或两种以上的饮料,按一定的配方、比例,混合调制而成的一种含酒精的饮品。

二、鸡尾酒的基本构成

鸡尾酒是一种以酿造酒、蒸馏酒和配制酒为基酒,再配以果汁、汽水、矿泉水等辅助成分及其他装饰材料调制而成的色、香、味、型俱佳的艺术酒品。根据这个定义,我们可以发现鸡尾酒的结构是由:基本成分(基酒),加上调色、调味、调香等辅助成分(辅料)和装饰物 3 个部分组成的。

（一）基酒

也称酒基，又称为鸡尾酒的酒底，是构成鸡尾酒的主体，决定了鸡尾酒的酒品风格的特色。常用作鸡尾酒的基酒主要包括各类烈性酒，如金酒、白兰地酒、伏特加酒、威士忌酒、朗姆酒、特基拉酒、中国白酒等；烧酒、清酒、葡萄酒、葡萄汽酒等酿造酒以及配制酒等亦可作为鸡尾酒的基酒；目前流行的无酒精鸡尾酒则以软饮料调制而成。

（二）辅料

辅料是鸡尾酒调味、调香、调色原料的总称。它们能与基酒充分混合，降低基酒的酒精含量，缓冲基酒强烈的刺激感。其中调香、调色材料使鸡尾酒色香味俱佳。常见的辅料有：各种果汁（苹果、菠萝、葡萄、柚子、柠檬、青柠、桃、猕猴桃）、糖浆（红石榴、覆盆子、草莓、奇异果、巧克力、杏仁、红醋栗、莫林糖浆系列）、乳脂类（牛奶、奶油）、二氧化碳汽水（干姜水、苏打水、汤力水）、咖啡、蜂蜜、椰浆、椰汁。

（三）装饰物

鸡尾酒的装饰物是鸡尾酒的重要组成部分。装饰物的巧妙运用，有着画龙点睛般的效果，使一杯平淡单调的鸡尾酒旋即鲜活生动起来，洋溢着生活的情趣和艺术。一杯经过精心装饰的鸡尾酒不仅能捕捉自然生机于杯盏之间，而且也可成为鸡尾酒典型的标志与象征。

常用的装饰物有：各类水果（猕猴桃、香蕉、菠萝、柠檬、青柠、橙子、草莓、鸡尾酒樱桃）、薄荷、肉桂、橄榄、胡椒粉、盐、糖、辣椒仔。

对于经典的鸡尾酒，其装饰物的构成和制作方式是固定的，应保持原貌，不要随意篡改。而对于创新的鸡尾酒，装饰物的修饰和雕琢则不受限制，调酒师可充分发挥想象力和创造力。但是，对于不需要装饰的鸡尾酒品，加以装饰则是画蛇添足，反而会破坏鸡尾酒的意境。

三、鸡尾酒的分类

（一）按照饮用时间分

1. 清晨鸡尾酒

清晨大多情绪不高，可饮用一杯蛋制鸡尾酒，以饱满的精神投入一天的工作、学习和生活。

2. 餐前鸡尾酒

也称为开胃鸡尾酒。它是以增加食欲为目的的鸡尾酒，可选饮含糖量较少、微酸或稍烈的冰镇鸡尾酒。

3. 餐后鸡尾酒

这类鸡尾酒有助于消化，多为含有多种药材的甜味鸡尾酒。也可饮用在热咖啡中加入适量白兰地或咖啡利口酒。

4. 晚餐鸡尾酒

这是晚餐时饮用的鸡尾酒，一般口味和所点的食物相辅相成。

5. 寝前鸡尾酒

这类鸡尾酒多以具有滋补和安眠作用的茴香、牛奶、鸡蛋等作为材料调制而成。

(二)按饮用场所分
1. 俱乐部鸡尾酒
在用正餐(午、晚餐)时,营养丰富的鸡尾酒可代替凉菜和汤类,这种鸡尾酒色彩鲜艳,略呈刺激性,故有利于调和入口的菜肴,可作为佐餐鸡尾酒。
2. 香槟鸡尾酒
该酒以香槟酒为基酒调制而成,其风格清爽、典雅,通常在盛夏或节日饮用。
3. 季节鸡尾酒
有适于春、夏、秋、冬不同季节饮用和一年四季皆宜饮用的鸡尾酒之分。例如,在炎热而出汗多的夏季,饮用冰镇"长饮",可消暑解渴;而在寒冷的冬季,则更适于饮用热的鸡尾酒。

(三)按照混合方法分类
1. 短饮类
短饮类也称鸡尾酒,酒精含量较高,其中基酒所占比重在50%以上,香料味浓重,放置时间不宜过长,如马天尼(Martini)、曼哈顿(Manhattan)。
2. 热饮类
此类鸡尾酒与其他混合酒最大的区别是用沸水、咖啡或热牛奶冲兑。
3. 长饮类
长饮类是指用烈酒、果汁、汽水等混合调制的酒精含量低的饮料。其酒精含量为8%左右,是一种温和的混合酒,可放置较长时间不变质。以下介绍几种代表性的长饮。
(1)奶露
奶露是在白兰地、朗姆酒等烈酒中加入鸡蛋、牛奶、砂糖等进行制作的鸡尾酒。起源于美国南部地区,原本是圣诞节饮品,冷热皆可,也可以制作无酒精奶露鸡尾酒。可使用多种类型的酒杯。
(2)洛克
洛克是将原材料倒入盛有大冰块的古典式酒杯中进行制作的鸡尾酒。
(3)酷乐
酷乐是在烈酒中加入柠檬汁或青柠汁、糖浆,并用苏打水、姜汁汽水等碳酸饮料注满柯林杯进行制作的一种风格。酷乐的意思是"冰凉爽口具有清凉口感的饮品"。
(4)柯林
柯林是在烈酒中加入柠檬汁和砂糖(糖浆),并用苏打水注满酒杯制作的鸡尾酒。柯林风格的鸡尾酒与菲士风格的鸡尾酒很相似。柯林类饮品使用柯林杯。
(5)酸味
酸味鸡尾酒是在酒精类基酒中加入柠檬汁和砂糖等甜酸味物质进行制作的鸡尾酒。调制酸味鸡尾酒时,原则上不加苏打水,但在美国之外的一些国家也有的加入苏打水或香槟酒。酸味类饮品使用Rock杯。
(6)茱莉普
茱莉普是在烈酒或葡萄酒中加入砂糖和薄荷叶,并放入碎冰并充分搅拌的鸡尾酒。茱莉普类饮品大多使用柯林杯。

（7）司令

司令是在烈酒中加入柠檬汁和甜味，并用水（矿泉水）或苏打水、姜汁汽水等注满酒杯的鸡尾酒。有时也将其倒满热水调制成热饮型鸡尾酒。"司令"一词来自于德语，是"吞咽"的意思。司令类饮品大多使用柯林杯和海波杯。

（8）戴兹

戴兹是在烈酒中加入柑橘系列果汁、糖浆或利口酒等，并放入碎冰进行制作的鸡尾酒。"戴兹"的意思是"雏菊"或"漂亮的东西"。戴兹鸡尾酒用柯林杯盛装。

（9）托地

托地是在平底大玻璃杯或古典式酒杯中放入砂糖、倒入烈酒并用水（矿泉水）或热水注满酒杯进行制作的一种风格。在英国为了防寒热身，人们自古以来就把它调制成一款热饮加以饮用。

（10）海波

海波是使用烈酒等各种酒品作基酒，用苏打水或姜汁汽水、可乐、果汁类软饮进行调兑的鸡尾酒。海波鸡尾酒用海波杯盛装。

（11）霸克

霸克是往各种烈酒中加入柠檬汁和姜汁汽水后进行制作的鸡尾酒。"霸克"原意为"雄鹿"，所以人们将像雄鹿一样有踢劲儿（即酒精度高）的酒品称为"霸克"鸡尾酒。霸克鸡尾酒常用海波杯或柯林杯盛装。

（12）宾治

宾治是以葡萄酒或烈酒等为基酒，将利口酒、水果、果汁等用宾治球进行搅拌制作的鸡尾酒。宾治鸡尾酒常作为聚会饮品，供多人享用。宾治酒多用宾治盆盛装。

（13）费克斯

费克斯是往烈酒中加入柑橘系列的果汁、糖浆或利口酒后制作的鸡尾酒。调制费克斯鸡尾酒时，在平底大玻璃杯或高脚酒杯内放入碎冰，并添加上水果或吸管。

（14）菲士

菲士是往烈酒或利口酒中加入柠檬汁、砂糖（糖浆）将其摇匀后倒入柯林杯，并用苏打水注满的鸡尾酒。

（15）冰冻

冰冻鸡尾酒时将原材料与碎冰一起倒入搅拌机内，搅拌均匀的一种鸡尾酒。冰冻鸡尾酒可以使用各种类型的酒杯。

（16）瑞基

瑞基是将新鲜青柠（或柠檬）挤压后，果汁和果肉一起放入杯中，再加入冰块和烈酒并用苏打水调兑的鸡尾酒。饮用这种鸡尾酒时一边用搅拌匙将果肉搅拌一边享受它的美味。瑞基类鸡尾酒大多使用柯林杯或海波杯。

（四）按照基酒分类

主要有以金酒为基酒的鸡尾酒，以威士忌为基酒的鸡尾酒，以白兰地为基酒的鸡尾酒，以朗姆酒为基酒的鸡尾酒，以伏特加为基酒的鸡尾酒，以中国白酒为基酒的鸡尾酒，以烧酒、清酒为基酒的鸡尾酒，以啤酒为基酒的鸡尾酒，以香槟为基酒的鸡尾酒和以利口酒为基酒的鸡尾酒。

二 鸡尾酒调制方法

一、调酒常用载杯

（一）鸡尾酒杯(Martini)

又称马天尼杯,是饮用短饮风格的鸡尾酒时使用的一种玻璃器。通常标准容量为90毫升,也有的容量为60~150毫升。

（二）古典酒杯(Old Fashioned)

又称岩石杯,是一种矮型宽口径的玻璃杯。饮用洛克风格的鸡尾酒时使用的玻璃杯。古典式酒杯的容量一般为180~300毫升。

（三）平底大玻璃杯(High Ball)

又称海波杯,这种酒杯除了用来盛海波风格的鸡尾酒外,还被广泛地用来盛长饮风格的鸡尾酒。平底大玻璃杯的容量一般约为240~300毫升。

（四）柯林杯(Collins)

柯林杯是一种圆筒形、高杯身形玻璃杯,又称高玻璃杯。柯林杯杯身高、口径小,多用于盛含碳酸饮料的鸡尾酒,它的容量一般为300~360毫升。

（五）酸味鸡尾酒杯(Sour Cocktail Glass)

酸味鸡尾酒杯是饮用酸味风格鸡尾酒时使用的一种玻璃杯。另外,也可以用来盛其他风格的鸡尾酒。酸味鸡尾酒杯的容量一般在120毫升左右。

（六）高脚酒杯(Giblet)

饮用放入大量冰块的长饮风格等鸡尾酒时,使用高脚酒杯。高脚酒杯的标准容量为300毫升,大容量的高脚酒杯更受欢迎。

二、调酒常用器具

（一）调酒壶(Shaker)

调酒壶是制作摇和法鸡尾酒的器具。它将冰块和原材料进行充分混合。它分大、中、小三个型号。常见的调酒壶有波士顿调酒壶和不锈钢调酒壶两种。

（二）调酒杯(Mix Glass)

调酒杯是一种厚玻璃器皿,用来盛冰块以及各种饮料成分。

（三）量杯(Jigger)

量杯是用来量取酒、果汁等液体材料的器具。量杯有很多不同型号,常见的为15毫升与30毫升搭配,20毫升与40毫升搭配。

（四）酒吧匙(Bar Spoon)

酒吧匙最主要的作用是搅拌原材料或制作悬浮酒。它一端为汤匙,一端为叉子,汤匙的容量相当于1茶匙。酒吧匙也可以用来制作装饰物。

（五）水果挤压器(Squeezer)

用来榨取柠檬或青柠等水果汁的手动挤压器。

（六）滤冰器（Strainer）

滤冰器为圆形的过滤网，不锈钢丝绕在一个柄上，并附有两个耳形的边。这是用来盖住调酒杯的上部，两个耳行的边用来固定其位置。

（七）鸡尾酒装饰针（Cocktail Garnish Pin）

鸡尾酒装饰针是用来叉橄榄、酒味樱桃、水果等，做鸡尾酒装饰用。

（八）碎冰机（Ice Crush Machine）

一种能将冰块粉碎成碎冰的机器。分为手动式和电动式两种。

（九）冰勺冰夹（Ice Tong）

一种用来从冰桶中夹出冰块的器具。

（十）酒嘴（Pourer）

酒嘴安装在酒瓶口上，用来控制倒出来的酒量。有塑料和不锈钢两种材质。有不停和15毫升、30毫升自动停的几款。

三、鸡尾酒调制方法

常见的鸡尾酒调制方法有兑和法、调和法、摇和法以及搅和法这四种。

（一）兑和法

兑和法是将配方中的酒水按分量直接倒入杯里，无须搅拌（或轻微搅拌即可）。有时候也需要用酒吧匙贴紧杯壁慢慢地将酒水倒入，以免冲撞混合（制作彩虹酒）。

（1）以冰铲或冰夹取冰，放入鸡尾酒酒杯中。

（2）将基酒用量杯量出正确的分量后，倒入鸡尾酒杯中。

（3）最后倒入其他配料至满杯即可。

（二）调和法

调和法是将冰块和原材料放入混合杯（调酒壶）后再用酒吧匙迅速搅动的技法。这种操作技法的关键是用酒吧匙的背靠混合杯内壁朝同一方向迅速搅动。

（1）在酒杯中放入适量冰块，冰镇酒杯。在倒入鸡尾酒之前倒出冰块。

（2）在混合杯中放入一半冰块，然后用酒吧匙搅拌，以便去除冰角。

（3）盖上过滤网滤掉水分后，再倒入原材料，并用酒吧匙的背靠混合杯内壁沿同一方向迅速搅拌若干次。

（4）为防止冰块倒入鸡尾酒中，将混合杯盖上过滤网。

（5）用食指按住过滤网，其他手指顺势握住混合杯，将鸡尾酒缓慢地滤入其他事先冰镇过的酒杯中。

（三）摇和法

摇和法就是把原材料和冰块放入调酒壶中，制作冰冷鸡尾酒的技法。采用摇和法手法调酒的目的有两个，一是让较难混合的原材料快速地融合在一起，二是将酒精度高的酒味压低，以便容易入口。

（1）调酒壶的拿法：拿调酒壶的一只手的拇指按住调酒壶的壶盖，用中指和无名指夹住壶身。用另一只手的小指（或小指与无名指）支持壶体底部，其他手指顺势放好。

（2）冰镇鸡尾酒杯（少数鸡尾酒不需要）。

(3) 在调酒壶中放入适量的冰块。
(4) 将原材料按照配方的顺序依次放入调酒壶中。
(5) 盖上过滤网,并拧上壶盖。
(6) 将调酒壶置于胸前,然后按斜上、胸前、斜下的顺序有节奏地摇动酒壶。渐渐地加快速度,斜上斜下地如此反复7~8次,至调酒壶表面结成一层薄霜、杯底冷却即可。
(7) 打开壶盖用食指按住过滤网,将鸡尾酒缓慢地滤入其他事先冷却好的酒杯中。

(四) 搅和法

搅合法是使用搅拌机(酒吧专用电动果汁机)搅拌原材料的一种技法。通常在调制冰冻风格或含有新鲜水果类型的鸡尾酒时使用这种方法。注意不要放入过多的冰块,以防融化的冰水冲淡鸡尾酒的原味。如果没有酒吧专用电动果汁机,也可以使用家庭用搅拌机。

(1) 在搅拌杯中放入原材料和碎冰。
(2) 盖紧杯盖。
(3) 将其安装到搅拌机机体上,并插入电源。用手按压好顶部,以便固定搅拌机,让杯内物体充分搅拌至果露状。
(4) 使用吧匙将杯内的物体移入事先备好的酒杯中。

四、鸡尾酒调酒术语与调酒原则

(一) 调酒术语

1. 悬浮

将酒吧匙抵在酒杯内壁,然后把原材料缓慢地顺着酒吧匙背部倒入杯中。

2. 润湿

往杯中滴入少许苦精酒,然后倾斜酒杯,让苦精酒将酒杯内壁全部湿润,最后倒掉多余的苦精酒。

3. 酒霜

(1) 将柠檬切口抵住酒杯杯口,并沿杯口旋转一圈,以擦拭杯口。
(2) 在蘸盐器(或平底盘)中铺上盐(或糖),等将它们均匀铺开后,杯口朝下,在盐(或糖)中轻按一下,蘸上盐(或糖)。
(3) 倒置酒杯,用手轻轻地敲打杯身以便将多余的盐(或糖)抖落。

4. 珊瑚风格

(1) 将一定量的石榴糖浆(或蓝橙酒)倒入任意大酒杯中,把香槟酒杯杯口朝下笔直地浸入其中。
(2) 在另一个大酒杯中倒入一定量的糖(或盐),再把蘸有石榴糖浆(或蓝橙酒)的香槟酒杯笔直地插入这个酒杯中。
(3) 缓慢地拿起酒杯,并用干抹布将酒杯内壁多余的糖(或盐)擦干净。

5. 盎司

一种计量单位。1盎司约为30毫升。

6. 干

辛口的意思。如果酒名中带有"very dry""extra dry"的话,酒精度数就更高了。

7. 滴

主要是用来衡量苦精酒的单位。

8. 单份（酒）/双份（酒）

这是酒的一种计量方式，1 单份大约相当于 30 毫升。与它等量的单位是 1 盎司。双份相当于 60 毫升。

9. 酒后水

是一种喝过较烈的酒之后，饮用的水或碳酸饮料，可与烈酒中和，保持味觉的新鲜。

五、调酒原则

（1）要严格按照配方分量调制鸡尾酒。

（2）倒酒水要使用量杯，不要随意把酒斟入杯中。

（3）使用调和法时，搅拌时间不能太长，一般用中速搅拌 5~10 秒钟即可。

（4）使用调和法时，动作要快，用力摇荡，摇至调酒壶表面起霜即可。

（5）调酒壶和电动搅拌机每使用一次要清洗一次。

（6）量杯、酒吧匙要保持清洁。

（7）使用合格的酒水，不能用其他酒水随意代替或使用劣质酒水。

（8）调制好的鸡尾酒要立即倒入杯中。

（9）水果饰物要选用新鲜的水果，切好后用保鲜膜包好放入冰箱备用。隔天切的水果饰物不能使用。

（10）不要用手去接触酒水、冰块、杯边或饰物。

（11）上霜要均匀，杯口不可潮湿。

（12）调好的酒应迅速服务。

（13）调酒动作要规范、标准、快速、美观。

（14）会起泡的配料不能放入摇酒壶、电动搅拌器或榨汁机中。

（15）加料时先放入冰块或者碎冰，再加苦精、糖浆、果汁等副料，最后加入基酒。

（16）酒杯装载混合酒不能太满或者太少，杯口留的空隙以 1/8 至 1/4 为宜。

（17）制作糖浆时糖与水的比例是 1∶1。

（18）调制热饮酒时酒温不可太高，因为酒精的沸点是 78.3℃。

（19）水果事先用温水泡过 5~10 分钟，在榨汁过程中会多产生 1/4 的汁。

（20）绝大多数鸡尾酒要现喝现调，不可放置太长时间。

三 经典鸡尾酒酒谱

一、基酒之金酒（Gin Base Cocktails）

鸡尾酒中使用次数最多，最具有亲和力的基酒就是金酒。大多数鸡尾酒都具有干金酒的特殊香味。

1. 三叶草俱乐部(Clover Club)

17°　　中口　　摇和法

这是一款极具代表性的俱乐部鸡尾酒(进餐时代替汤品的鸡尾酒)之一，它带有石榴糖浆的鲜艳色彩。这款酒品将甜味和酸味恰到好处地结合在一起。

干金酒……………………… 30 毫升

青柠汁(或柠檬汁)………… 15 毫升

石榴糖浆…………………… 15 毫升

蛋清………………………… 1 个

将原材料充分摇匀后倒入大鸡尾酒杯或飞碟型香槟酒中。

2. 金菲士(Gin Fizz)

14°　　中口　　摇和法

这款鸡尾酒是菲士风格长饮的代表性作品。柠檬淡淡的酸味使得金酒的酒香更加醇厚。这是一款口感颇佳的鸡尾酒。饮用时可以根据个人喜好调整它的甜度。

干金酒………………… 45 毫升

柠檬汁………………… 15 毫升

糖浆…………………… 2 茶勺

苏打水………………… 适量

柠檬块、樱桃………… 适量

将苏打水之外的原材料摇匀后倒入盛有冰块的酒杯中，然后用冰凉的苏打水注满酒杯并轻轻地搅拌，最后您可以根据个人的爱好装饰上柠檬块或酒味樱桃。

3. 干马天尼(Dry Martini)

34°　　中口　　摇和法

这款酒被誉为"世界鸡尾酒之王"，它是一种深受人们喜爱的辛口鸡尾酒。随着金酒和味美思搭配比例的改变，它的口味也会随之产生变化。

干金酒………………… 45 毫升

干味美思……………… 15 毫升

柠檬皮、橄榄………… 各适量

将原材料用混合杯搅拌后倒入鸡尾酒杯中，并拧入几滴柠檬皮汁。您可以根据个人的爱好装饰上鸡尾酒饰针穿的橄榄。

4. 甜马天尼(Sweet Martini)

32°　　中口　　调和法

甜味的马天尼，配方中使用了甜味美思，所以它呈现出美丽透明的褐色。

干金酒………………… 45 毫升

甜味美思……………… 15 毫升

鸡尾酒樱桃…………… 适量

将原材料用混合杯搅拌后倒入鸡尾酒杯中。您可以根据个人的爱好装饰上酒味樱桃。

5. 完美马天尼(Perfect Martini)

35°　　中口　　调和法

这款鸡尾酒是用干甜两种美味思调制的。

干金酒……………… 45 毫升
干味美思…………… 15 毫升
甜味美思…………… 15 毫升
橄榄………………… 适量

将原材料用混合杯搅拌后倒入鸡尾酒杯中。您可以根据个人的爱好装饰上橄榄。

6. 詹姆斯·邦德马天尼（James Bond Martini）

36°　　辛口　　摇和法

这款鸡尾酒是詹姆斯·邦德在电影《007》中最先调制的。它的特点是在干金酒中加入伏特加后进行摇和。配方中的开胃酒使用干味美思。

干金酒……………… 45 毫升
伏特加……………… 15 毫升
干味美思…………… 15 毫升
柠檬皮……………… 适量

将原材料摇匀后倒入鸡尾酒杯，然后再装饰上柠檬皮。

7. 烟熏马天尼（Smoky Martini）

40°　　辛口　　调和法

这款鸡尾酒是"马天尼"鸡尾酒的变异饮品之一。如果把配方中的苦精酒换成麦芽威士忌的话，那么酒精度数会变得更高，还能品出烟熏的味道。

干金酒……………… 45 毫升
麦芽威士忌酒……… 15 毫升
柠檬皮……………… 适量

把原材料用混合杯搅拌后倒入鸡尾酒杯中，然后拧入几滴柠檬皮汁。

8. 草莓马天尼（Strawberry Martini）

25°　　中口　　摇和法

饮用这款鸡尾酒时，可以感受到草莓的清甜和芳香。如果你觉得甜味已经足够，也可以选择不放糖浆。在制作这种类型的鸡尾酒时，你也可以使用菠萝、哈密瓜、桃子等。

干金酒……………… 45 毫升
鲜草莓……………… 3～4 个
糖浆………………… 1～2 茶匙

将草莓切成小块与其他原材料一起摇匀后，倒入大鸡尾酒杯中。然后拿掉摇酒壶的过滤网，把酒壶中残留的果肉也一起倒入酒杯中。

9. 新加坡司令（Singapore Sling）

17°　　中口　　摇和法

这款鸡尾酒是在 1915 年新加坡的莱佛士酒店首创的。它把金酒的清爽口感和雪利白兰地的浓香完美地结合在一起，是一款世界性的名酒。

干金酒……………………… 45 毫升
樱桃白兰地………………… 15 毫升

柠檬汁……………………… 2 茶勺
苏打水……………………… 适量
柠檬片、柳橙片、酒味樱桃……… 适量

将苏打水之外的原材料摇匀后倒入盛有冰块的酒杯中,再用冰凉的苏打水注满杯子并轻轻地搅拌,最后您可以根据个人的爱好装饰上青柠片或酒味樱桃等。

10. 金戴兹(Gin Daisy)
22°　　中口　　摇和法

这款长饮类型的鸡尾酒在色泽上呈现出极具透明感的淡淡的桃色,口味上带有翠绿薄荷叶的清凉口感。将基酒换成朗姆酒、威士忌或白兰地后再如法炮制,就会调制出不同口味的戴兹风格的鸡尾酒。

干金酒……………… 45 毫升
柠檬汁……………… 15 毫升
红石榴糖浆………… 1 茶勺
柠檬片、薄荷叶 …… 适量

将原材料摇匀后倒入盛有碎冰的鸡尾酒杯中,然后装饰上柠檬片和薄荷叶。

11. 金汤力(Gin &Tonic)
14°　　中口　　兑和法

这款鸡尾酒洋溢着青柠(或柠檬)的果香和汤力(即奎宁)的微苦味。饮用后会让人感到十分畅快。

干金酒……………… 45 毫升
汤力水……………… 适量
柠檬块、青柠块 …… 适量

将金酒倒入盛有冰块的酒杯中,然后放入挤榨过的青柠块(或柠檬块),最后用冰凉的苏打水注满酒杯并轻轻地调和。

12. 汤姆柯林(Tom Collins)
16°　　中口　　摇和法

这款鸡尾酒在 19 世纪初期极为盛行,口感爽快、十分美味可口。

干金酒……………… 45 毫升
柠檬汁……………… 15 毫升
糖浆………………… 1~2 茶匙
苏打水……………… 适量
青柠片、酒味樱桃 …… 适量

将苏打水之外的原材料摇匀后,倒入盛有冰块的柯林杯中,然后再用冰凉的苏打水注满杯子,并轻轻地搅拌。最后您可以根据个人的爱好装饰上青柠片或酒味樱桃等。

13. 七重天(Seventh Heaven)
38°　　中口　　摇和法

这款酒把金酒和黑樱桃酒(樱桃利口酒)的风味极好地结合在一起。

干金酒……………… 45 毫升

黑樱桃酒………… 15 毫升

西柚汁…………… 1 茶匙

绿樱桃…………… 适量

将原材料摇匀后倒入鸡尾酒杯中,然后让绿樱桃沉淀下来。

14. 纯洁的爱情(Pure Love)

5°　　中口　　摇和法

日本人上田和男在1980年的ANBA鸡尾酒大赛上第一次参赛就获了奖。为了纪念这件事他特意制作了这款鸡尾酒。这款鸡尾酒中那酸中带甜的感觉让人们不禁想起自己的初恋。

干金酒…………… 30 毫升

草莓利口酒……… 15 毫升

青柠汁…………… 15 毫升

姜汁汽水………… 适量

青柠片…………… 适量

将姜汁汽水以外的原材料充分摇匀后,倒入平底大玻璃杯中,然后倒入冰块,再用冰凉的苏打水将酒杯注满,并轻轻地搅拌,最后装饰上青柠片。

15. 红粉佳人(Pink Lady)

20°　　中口　　摇和法

这款鸡尾酒是为了纪念1912年在伦敦盛行一时的"红粉佳人"而创作的。石榴糖浆的甜美颜色柔和地包裹着金酒的浓郁酒香。

干金酒…………… 45 毫升

石榴糖浆………… 15 毫升

柳橙汁…………… 1 茶匙

蛋清……………… 1 个

将原材料充分摇匀后倒入大鸡尾酒杯中。

16. 环游世界(Around The World)

30°　　中口　　摇和法

这款酒是代表环游世界一周的意思。它呈现淡绿色,属于中口鸡尾酒。它同时带有菠萝的酸甜和薄荷的清香。饮用后,人们会有种清爽明快的感觉。

干金酒…………… 45 毫升

绿薄荷酒………… 15 毫升

菠萝汁…………… 15 毫升

绿樱桃…………… 适量

将原材料倒入摇壶摇匀后倒入鸡尾酒杯中,然后让绿樱桃沉淀下来。

17. 翡翠酷乐(Emerald Cooler)

24°　　中口　　摇和法

这款鸡尾酒是由绿薄荷酒、柠檬汁以及苏打水共同构成的。它的特点是清润爽口。宝石般的透明显现出了翡翠酷乐的美。

干金酒……………… 30 毫升

绿薄荷酒…………… 15 毫升

柠檬汁……………… 15 毫升

糖浆………………… 1 茶匙

苏打水……………… 适量

酒味樱桃…………… 适量

将苏打水之外的原材料全部倒入摇壶摇匀,然后倒入盛有冰块的鸡尾酒杯中。再用冰凉的苏打水注满酒杯,并轻轻地搅拌,最后装饰上酒味樱桃。

18. 长岛冰茶(Long Island Ice Tea)

19° 　中口　　兑和法

这款鸡尾酒虽然不是红茶却带有红茶的滋味。它于 1980 年诞生于美国西海岸。由于配方中加了 4 种烈酒,所以酒精度较高。

干金酒……………… 15 毫升

伏特加……………… 15 毫升

白朗姆……………… 15 毫升

特基拉……………… 15 毫升

白橙皮或君度……… 15 毫升

柠檬汁……………… 30 毫升

糖浆………………… 1 茶匙

可乐………………… 适量

将可乐之外的原材料倒入盛有碎冰的酒杯中,然后用冰凉的可乐注满酒杯,并轻轻地搅拌。最后根据个人喜好装饰上青柠或柠檬片及酒味樱桃。

二、基酒之伏特加(Vodka Base Cocktails)

伏特加的最大特点是无色无味、口味醇正。以伏特加做基酒调制的鸡尾酒,其酒香多来自与之搭配的原材料。

1. 神风(Kami-kaze)

摇和法

这款酒品在伏特加中加入了白橙皮酒的芳香和青柠汁的微酸。

伏特加……………… 15 毫升

白橙皮酒…………… 1 茶勺

青柠汁……………… 15 毫升

步骤:将所有原材料摇和后倒入盛有冰块的古典式酒杯中。

2. 大都会(Cosmopolitan)

摇和法

这是一款粉红色的鸡尾酒,将白橙皮和两种果汁的风味完美地结合在一起。

伏特加……………… 30 毫升

白橙皮酒…………… 15 毫升

青柠汁………… 15毫升

蔓越莓汁………… 30毫升

将所有原材料摇匀后倒入鸡尾酒杯中。

3．卡匹洛斯卡（Caiprosca）

兑和法

这是一款添加了碎青柠和糖浆的鸡尾酒。

伏特加………… 30毫升

青柠………… 1~2个

糖浆………… 1~2茶匙

将青柠切成细块后放入酒杯中，加入糖浆（砂糖），再将其碾碎。然后放入碎冰加入伏特加轻轻搅拌。

4．海风（Sea Breeze）

摇和法

这款鸡尾酒是曾经于1980年风行美国大陆的"海风"。它属于低酒精饮料。其制作要点是调制出蔓越莓的清爽色泽和口感。

伏特加………… 30毫升

蔓越莓汁………… 60毫升

西柚汁………… 60毫升

将原材料摇匀后倒入盛有冰块的鸡尾酒杯中，您还可以根据个人喜好装饰上鲜花。

5．螺丝刀（Screwdriver）

兑和法

这款鸡尾酒的命名来自于搅拌勺的"回旋"形态。它的口感清爽滑润。

伏特加………… 45毫升

柳橙汁………… 适量

柳橙片………… 适量

将伏特加倒入盛有冰块的酒杯中，然后用冰凉的西柚汁注满酒杯，并轻轻地搅拌。最后根据个人喜好装饰上柳橙片。

6．激情海岸（Sex On The Beach）

兑和法

这款酒品因在电影《鸡尾酒》中出现，所以人们对它十分熟悉。它融合了蜜瓜利口酒和木莓利口酒的特色，能够让人们充分的地享受到那迷人的鲜果芳香。

伏特加………… 15毫升

蜜瓜利口酒………… 15毫升

木莓利口酒………… 15毫升

蔓越莓汁………… 45毫升

菠萝汁………… 45毫升

菠萝块………… 适量

将原材料摇匀后倒入盛有冰块的鸡尾酒杯中，您还可以根据个人喜好装饰上一些水果和鲜花。

7. 咸狗(Salty Dog)

兑和法

"Salty"是"咸味、咸的"的意思。这是一种面向海事工作者的鸡尾酒。西柚汁的微酸和盐的微咸使得伏特加的酒香更加浓郁。

伏特加……………… 45 毫升

西柚汁……………… 适量

盐(雪花风格)………… 适量

将冰块和伏特加一起倒入盐口雪花风格的鸡尾酒杯中。然后用冰凉的西柚汁注满酒杯,并轻轻地搅拌。

8. 黑色俄罗斯(Black Russian)

兑和法

饮用这款鸡尾酒时,您可以体会到咖啡利口酒的芳香。如果在酒液上浇上15毫升鲜奶油,那么就变成了"白色俄罗斯"。

伏特加……………… 30 毫升

咖啡利口酒…………… 15 毫升

将所有原材料摇匀后倒入盛有冰块的古典式酒杯中,然后轻轻地搅拌。

9. 血腥玛丽(Bloody Mary)

兑和法

这款鸡尾酒名来自于16世纪英国。您可以根据个人的口味加些食盐、胡椒、柠檬块和西红柿汁等。

伏特加……………… 45 毫升

西红柿汁……………… 适量

柠檬块………………… 适量

芹菜段………………… 适量

将威士忌倒入盛有冰块的酒杯中,然后用冰凉的西红柿汁将酒杯注满,并轻轻地搅拌,最后根据个人喜好装饰上柠檬块和芹菜。

10. 蓝色潟湖(Blue Lagoon)

摇和法

这款鸡尾酒的特点正如其名,显现出了蓝橙所特有的鲜亮色泽。它1960年诞生于法国巴黎,现在闻名世界。

伏特加……………… 30 毫升

蓝橙酒……………… 30 毫升

柠檬汁……………… 30 毫升

柳橙片………………… 适量

酒味樱桃……………… 适量

将原材料摇匀后倒入鸡尾酒杯中,然后再装饰上柳橙片和酒味樱桃。

11. 奇奇(Chi-Chi)

摇和法

"Chi-Chi"原本是"时髦的、流行的"的意思。人们从这款产自夏威夷的热带饮料中可以清晰地体味到菠萝汁的清甜和椰奶的醇香。

伏特加……………… 30 毫升
菠萝汁……………… 90 毫升
椰奶………………… 45 毫升
菠萝块、柳橙片………… 各适量

将原材料摇匀后倒入盛有冰块的鸡尾酒杯中,您还可以根据个人喜好装饰上一些水果或鲜花。

三、基酒之朗姆酒(Rum Base Cocktails)

在鸡尾酒中,有着朗姆酒特有的甜味,并洋溢着南国风情的鸡尾酒占主流。调制鸡尾酒时,您可以根据个人喜好选择白朗姆酒、金黄朗姆酒或黑朗姆酒。

1. 自由古巴(Cuba Libre)

兑和法

1902 年,古巴人民进行了反对西班牙的独立战争,在这场战争中他们使用"Cuba Libre"作为纲领性口号,于是便有了这款名为自由古巴的鸡尾酒。加入可乐后,鸡尾酒口感轻柔,适合在海滩酒吧饮用。

白朗姆……………… 45 毫升
青柠汁……………… 15 毫升
可乐………………… 适量
青柠片……………… 适量

将朗姆酒和青柠汁倒入盛有冰块的酒杯后,用冰凉的可乐注满杯,然后轻轻地搅拌。您可以根据个人的喜好装饰上青柠片。

2. 戴吉利(Daiquiri)

摇和法

Daiquiri 是古巴一座矿山的名字。戴吉利鸡尾酒是用朗姆酒做基酒调制而成的代表性鸡尾酒,它的特点是透露出清凉感的酸。

白朗姆……………… 45 毫升
青柠汁……………… 15 毫升
糖浆………………… 1 茶匙

将原材料摇匀后,倒入盛有冰块的鸡尾酒杯中。

3. 冰冻草莓戴吉利(Frozen Strawberry Daiquiri)

摇和法

这款鸡尾酒是"冰冻戴吉利"系列的变异饮品之一,它使用新鲜草莓的味觉和视觉冲击力。

白朗姆……………… 30 毫升

草莓酒…………… 15 毫升
青柠汁…………… 15 毫升
糖浆……………… 1 茶匙
鲜草莓…………… 1/3 个
碎冰……………… 1 茶杯

将原材料用搅拌机搅拌后,倒入酒杯内,放入吸管。可以根据个人喜好装饰上草莓。

4. 冰冻香蕉戴吉利(Frozen Banana Daiquiri)

摇和法

这款鸡尾酒是"冰冻戴吉利"系列的另一个变异饮品,它使用香蕉利口酒和新鲜香蕉作为原料。由于加入过多的香蕉,鸡尾酒会变得淡而无味,所以制作时请注意香蕉的用量。

白朗姆…………… 30 毫升
香蕉酒…………… 15 毫升
柠檬汁…………… 15 毫升
糖浆……………… 1 茶匙
鲜香蕉…………… 1/3 个
碎冰……………… 1 茶杯

将原材料用搅拌机搅拌后,倒入酒杯内,放入吸管。

5. 椰林飘香(Pina Colada)

摇和法

"Pina Colada"在西班牙语中是"菠萝茂盛的山谷"的意思。它是一款原产于加勒比海、在美国大受欢迎的热带风情饮品。这款酒品中菠萝和椰子相互融合,使得口感协调润滑,堪称极品。

白朗姆…………… 30 毫升
菠萝汁…………… 30 毫升
椰子汁…………… 15 毫升
菠萝块…………… 适量
酒味樱桃………… 适量

将原材料摇匀后,倒入有碎冰的冰块的大酒杯中,再装饰上菠萝块和樱桃。

6. 蓝色夏威夷(Blue Hawaii)

摇和法

这款鸡尾酒洋溢着热带风情,见到它就会让人不禁联想到常夏之岛夏威夷的蔚蓝大海。这款酒具有蓝橙酒和菠萝汁的爽快酸味。

白朗姆…………… 30 毫升
蓝橙酒…………… 15 毫升
菠萝汁…………… 30 毫升
柠檬汁…………… 15 毫升
菠萝块…………… 适量
酒味樱桃………… 适量

薄荷叶…………… 适量

　　将原材料摇匀后，倒入盛有冰块的大酒杯中。再装饰上菠萝块等所喜欢的水果和花儿。

7. 莫吉托（Mojito）

兑和法

这是一款让人享受到清凉感的，适合夏天饮用的鸡尾酒。制作这款酒品时，先在朗姆酒和青柠中加入薄荷叶，再放入冰块，充分搅拌后至酒杯外面挂霜，这样才能更好地显现这款饮品的特点。

　　白朗姆…………… 45毫升
　　鲜青柠…………… 1/2个
　　糖浆……………… 1茶匙
　　薄荷叶…………… 6~7片

　　将青柠拧绞后连果肉带果皮一起倒入酒杯内，再放入薄荷叶和糖浆并轻轻地搅拌。最后放入碎冰，并倒入朗姆酒再充分地搅拌。

8. 珊瑚（Coral）

24度　　中口　　摇和法

这是一款颇具南国风味的鸡尾酒，它将与果汁融合性极好的白朗姆酒和杏子白兰地绝妙地混合在一起。饮用这款鸡尾酒时，您能享受到酸甜味搭配后的绝妙协调感。

　　白朗姆…………… 30毫升
　　杏子白兰地……… 15毫升
　　西柚汁…………… 15毫升
　　柠檬汁…………… 15毫升

　　将原材料摇匀后，倒入鸡尾酒杯中。

9. 天蝎座（Scorpion）

摇和法

这是一款以"天蝎"或"天蝎座"命名的，原产于夏威夷的热带风情饮品。这款酒品中虽然加入了很多的烈酒，但它的口感却宛如新鲜果汁般爽快。

　　白朗姆…………… 45毫升
　　白兰地…………… 30毫升
　　柳橙汁…………… 30毫升
　　柠檬汁…………… 30毫升
　　青柠汁（加糖）………… 15毫升
　　柳橙片、酒味樱桃……… 各适量

　　将原材料摇匀后，倒入装有碎冰的酒杯内。您可以根据个人的喜好装饰上柳橙片和酒味樱桃。

四、基酒之特基拉（Tequila Base Cocktails）

　　我们可以充分利用墨西哥产的特基拉酒调制出种类繁多、口味丰富的鸡尾酒。特基拉酒可以与利口酒和果汁完美地融合在一起。

1. 常青树(Ever Green)

摇和法

这是一款漂亮的、水果味的鸡尾酒。这款酒品是将极具清凉感的绿薄荷汁与具有香草和茴芹香气的甜加里安奴酒调和在一起的。

特基拉……………… 30毫升
绿薄荷……………… 15毫升
加里安奴…………… 15毫升
菠萝汁……………… 90毫升
菠萝块……………… 适量
薄荷叶……………… 适量
酒味樱桃…………… 适量
绿樱桃……………… 适量

将原材料调和后倒入盛有冰块的酒杯中。你可以根据个人的喜好装饰上菠萝块、薄荷叶、酒味樱桃、绿樱桃。

2. 特基拉日出(Tequila Sunrise)

兑和法

这是一款让人联想到墨西哥朝霞的、充满热情的鸡尾酒。20世纪70年代滚石乐队的成员迈克杰格在墨西哥演出时特别喜欢喝这款鸡尾酒,由此使得这款鸡尾酒更加出名。

特基拉酒…………… 45毫升
柳橙汁……………… 90毫升
石榴糖浆…………… 2茶匙
柳橙片……………… 适量

将特基拉酒和柳橙汁倒入盛有冰块的酒杯中,轻轻地搅拌后,让石榴糖浆缓慢地沉淀下来。您可以根据个人喜好装饰上柳橙片。

3. 玛格丽特(Margarita)

摇和法

本款鸡尾酒是1949年"全美鸡尾酒大赛"上的冠军作品。这款酒品的创作者为了纪念死去的恋人,将自己的作品以恋人的名字来命名。这款鸡尾酒略带酸味。

特基拉……………… 30毫升
君度………………… 15毫升
柠檬汁……………… 15毫升

将原材料摇匀后,倒入撒有盐口雪花风格的鸡尾酒杯中。

4. 冰冻蓝色玛格丽特(Frozen Blue Margarita)

搅和法

这款酒品是"玛格丽特"鸡尾酒的冰冻风格饮品。它将"玛格丽特"鸡尾酒中的基酒由君度换成了蓝橙,以调制出美丽的蓝色。酸味突出。

特基拉……………… 30毫升
蓝橙酒……………… 15毫升

柠檬汁……………… 15毫升
砂糖(糖浆)………… 1茶匙
碎冰………………… 1茶杯

将原材料用搅拌机搅拌后,倒入撒有盐口雪花风格的酒杯中。

5. 破冰船(Ice-Breaker)

摇和法

"Ice-Breaker"意为"破冰船"或"破冰器",引申意为"调和物"。这是一款口感爽快的粉红色鸡尾酒。这款酒品以特基拉酒作为基酒,并兑入略带苦味的西柚汁。

特基拉酒…………… 30毫升
君度………………… 15毫升
西柚汁……………… 15毫升
石榴糖浆…………… 1茶匙

将原材料摇匀后,倒入盛有冰块的古典式酒杯中。

6. 伯爵夫人(Contessa)

摇和法

"Contessa"在意大利语中是"伯爵夫人"的意思。这是一款水果口味、美味可口的鸡尾酒。这款酒品将西柚汁和荔枝利口酒极其和谐地融合在一起。

特基拉酒…………… 30毫升
荔枝利口酒………… 15毫升
西柚汁……………… 15毫升

将原材料摇匀后,倒入鸡尾酒杯中。

7. 仙客来(Cyclamen)

26°　　中口　　摇和法

这款鸡尾酒让人不禁联想到那美丽的仙客来花,它甜度适中,呈水果口味。那沉淀下来的石榴糖浆与柳橙汁颜色对比强烈,十分美丽。

特基拉酒…………… 30毫升
君度………………　15毫升
柳橙汁……………… 15毫升
柠檬汁……………… 15毫升
石榴糖浆…………… 1茶匙
柠檬皮……………… 适量

将石榴糖浆以外的原材料摇匀后,倒入鸡尾酒杯中。等石榴糖浆缓慢地沉淀下来后,再拧入几滴柠檬皮汁。

8. 斗牛士(Matador)

摇和法

"Matador"是指斗牛比赛中最后出场并刺死牛的"斗牛场上的英雄"。这是一款使用特基拉酒制作出的代表性的鸡尾酒之一。饮用该酒品入喉时可微微感到甜甜的水果味。

特基拉酒…………… 30毫升

菠萝汁·················· 45 毫升
青柠汁·················· 15 毫升

将原材料摇匀后,倒入盛有冰块的古典式酒杯中。

9. 八哥(Mockingbird)

摇和法

"Mockingbird"是一种原产于墨西哥的、能模仿其他鸟鸣叫的"八哥"。这款鸡尾酒在色泽上,绿薄荷酒那鲜艳夺目的色彩让人不禁联想到绿色的森林;在口感上让人越喝心情越畅快。

特基拉酒················ 45 毫升
绿薄荷酒················ 15 毫升
青柠汁·················· 15 毫升

将原材料摇匀后,倒入鸡尾酒杯中。

五、基酒之威士忌(Whisky Base Cocktails)

用作基酒的威士忌是以数种精选酒品为原料酿成的。既清爽可口又有悠久历史的原产鸡尾酒数不胜数。

1. 威士忌酸味鸡尾酒(Whisky Sour)

摇和法

这是一款在威士忌中加入了苦精酒的苦味和糖浆的甜味后调制而成的鸡尾酒。在制作这款酒品时,多使用苏格兰威士忌、黑麦威士忌或者波本威士忌等威士忌作为基酒。

威士忌·················· 45 毫升
柠檬汁·················· 15 毫升
砂糖(糖浆)·············· 1 茶匙
柳橙片·················· 适量
酒味樱桃················ 适量

将原材料摇匀后,倒入酸味鸡尾酒杯内,并装饰上柳青柠片和酒味樱桃。

2. 曼哈顿(Manhattan)

调和法

这款鸡尾酒被誉为"鸡尾酒女王",从 19 世纪中叶开始它陆续被世界各地的人们饮用。原材料中甜味美思的香甜口味使得该酒品口感极佳,因此也深受女性们的青睐。

黑麦威士忌·············· 45 毫升
甜味美思················ 15 毫升
安哥斯特拉苦精酒········ 适量
酒味樱桃················ 适量
柠檬皮·················· 适量

将原材料用混合杯搅拌均匀后,倒入鸡尾酒杯内,并装饰用鸡尾酒饰针穿的酒味樱桃,最后拧入几滴柠檬皮汁。将甜味美思换成干味美思后,就可以调制出干曼哈顿。

3. 生锈钉(Rusty Nail)

兑和法

这款鸡尾酒将酿制杜林标和威士忌调配在一起,使得口味甜美,芳香四溢。因为这款酒品在色泽上类似生锈的钉子,所以被称作生锈钉。

威士忌……………… 30 毫升
杜林标……………… 30 毫升

将原材料倒入盛有冰块的古典式酒杯中并轻轻地搅拌。

4. 罗伯罗伊(Rob Roy)

调和法

这是将"曼哈顿"鸡尾酒中的基酒换成苏格兰威士忌后调制而成的一款鸡尾酒。

苏格兰威士忌……… 45 毫升
甜味美思…………… 15 毫升
安哥斯特拉苦精酒…… 适量
酒味樱桃……………… 适量
柠檬皮………………… 适量

将原材料用混合杯搅拌均匀后,倒入鸡尾酒杯内,并装饰上用鸡尾酒饰针穿的酒味樱桃,最后拧入几滴柠檬皮汁。

5. 爱尔兰咖啡(Irish Coffee)

兑和法

这款以爱尔兰威士忌作为基酒的鸡尾酒是热饮的鼻祖。据说此款鸡尾酒是一位吧员为心爱的空姐调制,充满着醇香而又苦涩的爱意。

爱尔兰威士忌………… 30 毫升
砂糖………………… 1 茶匙
浓热咖啡……………… 适量
鲜奶油………………… 适量

将砂糖放入加热过的爱尔兰咖啡杯内,倒入热咖啡,再注入威士忌并轻轻搅拌。最后让纯鲜奶油缓慢地悬浮上来。

6. 帝王菲士(Imperial Fizz)

摇和法

这是一款菲士风格的鸡尾酒。这款饮品将威士忌和白朗姆酒调制在一起,口感清凉畅快。

威士忌……………… 45 毫升
白朗姆酒…………… 15 毫升
柠檬汁……………… 15 毫升
砂糖(糖浆)………… 1~2 茶匙
苏打水……………… 适量

将苏打水以外的原材料摇匀后,倒入盛有冰块的酒杯内,用冰凉的苏打水注满并轻轻地搅拌。

7. 教父(Godfather)

兑和法

这款鸡尾酒因"教父"这部电影而得名。这款酒品有着威士忌的馥郁芳香和杏仁利口酒的浓厚味道,最适合成人饮用。

威士忌…………… 45 毫升

杏仁利口酒………… 15 毫升

将原材料倒入古典式酒杯内,并轻轻地搅拌。

8. 薄荷茱莉普(Mint Julep)

兑和法

这款鸡尾酒是茱莉普风格的长饮,它飘溢着新鲜薄荷叶的清爽香气。饮用时,请您充分搅拌直至酒杯外挂霜,这样才更加美味。

波本威士忌………… 60 毫升

砂糖(糖浆)………… 2 茶匙

水或苏打水………… 2 茶勺

薄荷叶……………… 5~6 片

将威士忌以外的原材料倒入酒杯内,并一边搅拌以使砂糖融化,一边搅入薄荷叶。然后将碎冰放入酒杯内,再倒入威士忌并充分搅拌,最后装饰上薄荷叶。

六、基酒之白兰地(Brandy Base Cocktails)

极具白兰地浓郁酒香有略带甜味的鸡尾酒很有情调。调制鸡尾酒时,请尽量选用上等白兰地。

1. 亚历山大(Alexander)

摇和法

这款鸡尾酒深受19世纪中叶英国国王爱德华七世的王妃亚历山大的青睐。本款酒品具有奶油般的口感,巧克力般的甜味。因为使用了鲜奶油,所以在摇动的过程中要快速、强烈、有力。

白兰地……………… 30 毫升

棕可可酒…………… 30 毫升

鲜奶油……………… 30 毫升

将原材料充分摇匀后倒入鸡尾酒杯中。

2. 边车(Sidecar)

摇和法

第一次世界大战期间军队常用"挎斗摩托"作为交通工具,这款鸡尾酒由此得名。本款鸡尾酒将白兰地基酒和利口酒、果汁的甜酸味绝妙地搭配在一起,使得口感协调。

白兰地……………… 30 毫升

君度………………… 15 毫升

柠檬汁……………… 15 毫升

将原材料摇匀后倒入鸡尾酒杯中。

3. 奥林匹克（Olympic）

摇和法

这是为了纪念1900年奥林匹克运动会而特别调制的一款鸡尾酒。芬芳醇厚的白兰地中加入柳橙香味，一款水果风味、口感浓厚的鸡尾酒就呼之欲出了。

白兰地……………… 30 毫升

橘子酒……………… 30 毫升

柳橙汁……………… 30 毫升

将原材料摇匀后倒入鸡尾酒杯内。

4. 白兰地奶露（Brand Egg Nogg）

摇和法

这款鸡尾酒是以白兰地做基酒的、蛋诺风格的长饮。由于在这款酒品中放入了鸡蛋和牛奶，所以它作为一款具有极高营养价值的滋补型饮品而闻名。另外，夏季将它做成凉饮，冬季则做成热饮。

白兰地……………… 30 毫升

黑朗姆酒…………… 15 毫升

鸡蛋………………… 1 个

砂糖………………… 2 茶匙

牛奶………………… 适量

豆蔻粉……………… 适量

将牛奶以外的原材料充分摇匀后倒入酒杯中，用牛奶将酒杯注满，再放入冰块轻轻地搅拌。您可以根据个人的喜好撒上豆蔻粉。

5. 白兰地酸味鸡尾酒（Brandy Sour）

摇和法

"Sour"是"酸"的意思。白兰地芬芳醇厚的香气，加上柠檬汁的酸味，一款爽口的正宗鸡尾酒就调制而成了。

白兰地……………… 45 毫升

柠檬汁……………… 15 毫升

砂糖（糖浆）………… 1 茶匙

青柠片、酒味樱桃…… 各适量

将原材料摇匀后倒入酸味鸡尾酒杯中，您可以根据个人的喜好装饰上青柠片和酒味樱桃。

6. 白兰地司令（Brandy Sling）

兑和法

这款美味可口的鸡尾酒是在白兰地中加入柠檬汁的酸味和砂糖的甜味调制而成的。

白兰地……………… 45 毫升

柠檬汁……………… 15 毫升

砂糖（糖浆）………… 1 茶匙

矿泉水……………… 适量

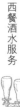

将柠檬汁和砂糖放入酒杯中充分搅拌后倒入白兰地,然后放入冰块并用冰凉的矿泉水注满酒杯并轻轻地搅拌。

7. 白兰地牛奶宾治(Brandy Milk Punch)

摇和法

这款鸡尾酒是宾治风格的长饮,它用白兰地做基酒,并放入大量牛奶。这款酒品口感柔和,美味可口。您还可以根据个人喜好放入磨好的豆蔻粉。

白兰地…………… 45 毫升

牛奶……………… 120 毫升

砂糖(糖浆)………… 1 茶匙

将原材料摇匀后,倒入盛有冰块的高脚酒杯内。

七、基酒之利口酒(Liqueur Base Cocktails)

使用香草和药草系列、果肉系列、坚果、种子系列利口酒调制而成的鸡尾酒纷繁各异。

1. 绿色蚱蜢(Grasshopper)

摇和法

这是一款将薄荷和可可豆的芳香融合在一起的餐后鸡尾酒。

白可可利口酒………… 30 毫升

绿薄荷酒……………… 30 毫升

鲜奶油………………… 30 毫升

将原材料充分摇匀后,倒入鸡尾酒杯中。

2. 金色梦想(Golden Dream)

摇和法

这款鸡尾酒融合了紫罗兰的芳香和柳橙的清爽。它属于奶油甘口类,特别适合在睡前饮用。

加里安奴……………… 30 毫升

君度…………………… 30 毫升

鲜奶油………………… 30 毫升

柳橙汁………………… 30 毫升

将原材料充分摇匀后,倒入鸡尾酒杯中。

3. 中国蓝(China Blue)

兑和法

这款水果口味的鸡尾酒在相融性极好的荔枝利口酒中加入了西柚汁和具有爽快口感的汤力水。另外,酒杯中漂浮的蓝橙酒十分美丽。

荔枝利口酒……………30 毫升

西柚汁…………………45 毫升

汤力水…………………适量

蓝橙酒…………………1 茶匙

将荔枝利口酒和西柚汁倒入盛有冰块的酒杯中,然后用冰凉的汤力水将酒杯注满,并轻轻地搅拌，最后让蓝橙酒沉淀下来。

4. 彩虹（Pousse-Café）

兑和法

这是一款利用各种酒品所含糖分比重不同的特性，将它们进行分层的鸡尾酒。通过改变利口酒和所调出的层数，可以调制出此种类型的、其他款式的鸡尾酒。

石榴糖浆……………… 10 毫升

甜瓜利口酒……………… 10 毫升

蓝橙酒……………… 10 毫升

荨麻酒……………… 10 毫升

白兰地……………… 10 毫升

将石榴糖浆、甜瓜利口酒、蓝橙酒、荨麻酒、白兰地依次倒入利口酒杯中，然后让它们慢慢地悬浮上来。

5. 甜瓜牛奶（Melon & Milk）

兑和法

这款鸡尾酒融合了牛奶和蜜瓜利口酒。香甜可口，深受女士们的喜爱。

甜瓜利口酒……………… 30～45 毫升

牛奶……………… 适量

将甜瓜利口酒倒入盛有冰块的酒杯中，然后用冰凉的牛奶将酒杯注满并轻轻搅拌。

6. 荔枝与西柚（Litchi & Grapefruit）

兑和法

这款鸡尾酒将荔枝利口酒的甜水果味与西柚汁的弱苦味巧妙地搭配在一起。

荔枝利口酒……………… 45 毫升

西柚汁……………… 适量

绿樱桃……………… 适量

将荔枝利口酒倒入盛有冰块的酒杯中，然后用冰凉的西柚汁将酒杯注满，并轻轻地搅拌。您可以根据个人的喜好装饰上绿樱桃。

7. 杏仁酷乐（Apricot Cooler）

摇和法

这款鸡尾酒色泽鲜亮，是由杏子白兰地和石榴糖浆调制而成的。它属于酷乐类的常饮。

杏子白兰地……………… 45 毫升

柠檬汁……………… 30 毫升

石榴糖浆……………… 1 茶匙

苏打水……………… 适量

青柠片、酒味樱桃…… 适量

将苏打水以外的原材料摇匀后，倒入盛有冰块的酒杯中，然后用冰凉的苏打水将酒杯注满，并轻轻地搅拌。您可以根据个人的喜好装饰上青柠片和酒味樱桃。

8. 卡路尔牛奶(Kahlua & Milk)

兑和法

这款鸡尾酒是用众所周知的咖啡利口酒制成的,它常年盛行。饮用这款酒品就如同在喝咖啡牛奶,它的酒精度数较低,所以非常适合女性饮用。

咖啡甘露酒…………… 30~45 毫升
牛奶………………… 适量

将咖啡甘露酒倒入盛有冰块的酒杯中,然后用冰凉的牛奶将酒杯注满,并轻轻地搅拌。

9. 金色卡迪拉克(Golden Cadillac)

摇和法

这款鸡尾酒是将香草系列利口酒的加里安奴酒,带有咖啡味的可可豆利口酒混合而来的。它甘甜可口,爽润舒滑。

加里安奴酒…………… 30 毫升
白可可利口酒………… 30 毫升
鲜奶油………………… 30 毫升

将原材料充分摇匀后,倒入鸡尾酒杯中。

10. 甜瓜球(Melon Ball)

兑和法

这是使用甜瓜利口酒调制的,最具代表性的一款鸡尾酒。本款酒品中甜瓜利口酒的丰富口味和柳橙的酸甜味恰到好处地搭配在一起。

甜瓜利口酒…………… 60 毫升
柳橙汁………………… 60 毫升
柳橙片………………… 适量

将甜瓜利口酒和伏特加倒入盛有碎冰的酒杯中,然后用冰凉的柳橙汁将酒杯注满,并轻轻地搅拌。您可以根据个人的喜好装饰上柳橙片。

考 核 指 南

1. 基础知识部分 (笔试或口试)
(1) 掌握鸡尾酒的分类和构成。
(2) 了解鸡尾酒常用的载杯、器具和材料。
(3) 掌握鸡尾酒调制的基本方法。
2. 服务技能部分 (实训室现场操作)
(1) 熟练掌握常见基酒调制的鸡尾酒以及服务流程。
(2) 掌握常见配制酒调制的鸡尾酒以及服务流程。

专题十六　其他饮料的调制

【学习目标】
1. 掌握软饮料的分类、概念及制作。
2. 掌握软饮料的服务程序。
3. 掌握无酒精类鸡尾酒常见分类。
4. 掌握无酒精类鸡尾酒调制配方。

一　软饮料的制作和服务

一、软饮料种类

（一）果蔬汁饮料

（1）定义：果汁和蔬菜汁是以天然的新鲜水果为原料制成的饮品。果蔬汁饮料富含易被人体吸收的营养成分，有的还有医疗保健效果。果蔬汁饮料都具有水果和蔬菜原有的风味，酸甜可口、色泽鲜艳、芬芳诱人。

（2）分类：按调制饮料常用的加工工艺分为鲜榨、罐装和浓缩果蔬汁。常见的有：

西柚汁（Grapefruit Juice）
苹果汁（Apple Juice）
青柠汁（Lime Juice）
梨汁（Pear Juice）
鲜橙汁（Fresh Orange Juice）
鲜柠檬汁（Fresh Lemon Juice）
草莓汁（Strawberry Juice）
椰子汁（Coconut Juice）
菠萝汁（Pineapple Juice）
葡萄汁（Grape Juice）
杏汁（Apricot Juice）
芒果汁（Mango Juice）
桃汁（Peach Juice）
红石榴汁（Grenadine Juice）
番茄汁（Tomato Juice）
西瓜汁（Watermelon Juice）

(3) 果蔬饮料

果蔬饮料是用水果汁、蔬菜汁作为原料制作而成的饮料。其色彩诱人、营养丰富,且易于吸收。果蔬饮料的种类繁多,通常可分为天然果汁、浓缩果汁、果汁饮料、果肉果汁及果蔬汁等。

(二) 碳酸饮料

(1) 定义:碳酸饮料是将二氧化碳与不同的香料、水分、糖浆及色素结合在一起所形成的气泡式饮料。

(2) 种类:

① 苏打型;

② 水果味型;

③ 果汁型;

④ 可乐型。

(3) 碳酸饮料的主要原料:

① 水;

② 二氧化碳;

③ 食品添加剂。

(三) 矿泉水

(1) 饮用矿泉水的特征:

① 饮用矿泉水是一种矿产资源,来自地下水。

② 它含有一定量的矿物盐和微量元素,还含有二氧化碳气体。

③ 在通常情况下,其化学成分、流量、温度等动态指标稳定。

(2) 饮用矿泉水必备的条件:

① 口味良好、风格典型。

② 含有对人体有益的成分。

③ 有害成分不得超过相关规定。

④ 瓶装后在保存期(一般为一年)内口味无变化。

⑤ 微生物学指标符合饮用水卫生要求。

(3) 饮用矿泉水的分类:

① 不含气矿泉水;

② 含气矿泉水;

③ 人工矿泉水。

(4) 常见的矿泉水:

① 阿博纳里斯(Apollinaris):产于德国莱茵区,含有天然碳酸气体,是最老牌的美味矿泉水。

② 毕磊(Perrie):法国出品的矿泉水,含有二氧化碳气体,无色无味,具有提神作用,被称为"水中香槟"。

③ 依云(Evian):法国矿泉水,无泡、纯洁、有甜味,是世界上销量最大的矿泉水。

④ 圣派·哥瑞诺（San Pelle Grino）：产于意大利的起泡矿泉水，富有矿物质，味美而甘洌。

⑤ 伟涛（Vittel）：产于法国的无气泡矿泉水，略带碱性，特别适合在餐桌上喝，但喝前要冰镇一下。

⑥ 崂山矿泉水：产于中国青岛崂山，是中国最早的矿泉水，水质优良、洁净，有无味和咸味两种。

（四）乳品饮料

（1）定义：乳品饮料是指以牛奶加工成的饮料的总称。乳品饮料含有丰富的营养成分，易被人体吸收，属高营养价值和良好医疗价值的健康饮品。

（2）分类：乳品饮料可分为鲜乳饮料、发酵乳饮料以及冰淇淋。

二、服务技能

(一)软饮料服务程序及标准：

操作程序	操作标准及说明
1. 准备酒水杯	(1) 用高脚杯。 (2) 高脚杯应干净、光亮、无水迹、无破损。
2. 准备软饮料	(1) 杯中放3块冰和一片新鲜的柠檬片。 (2) 瓶装酒水和罐装酒水必须要在宾客面前打开。 (3) 各种果汁不加冰和柠檬,含汽矿泉水只加柠檬不加冰。 (4) 各种类酒水、果汁不能过期。 注：如宾客座位右侧靠墙,可在宾客左侧服务。
3. 服务软饮料	同"酒水服务程序和标准"。

(二)冰水服务程序及标准

操作程序	操作标准及说明
1. 准备水杯	(1) 用玻璃水杯。 (2) 玻璃水杯应干净、光亮、无水迹、无破损。
2. 准备冰水	(1) 将玻璃水杯洗净擦干。 (2) 用冰夹或冰勺将冰块盛入玻璃水杯中,不能用玻璃杯代替冰夹、冰勺到冰桶里取冰。 (3) 将盛有冰块的水杯放在顾客面前后,再用装有冰块的水壶加满水。 (4) 水壶中常保持有冰块和水,便于需要时取用。 (5) 保持水杯外围的干净。 (6) 冰水服务时可用柠檬、酸橙等装饰冰水杯。 (7) 冰水应卫生,以确保顾客健康。
3. 服务冰水	同"酒水服务程序和标准"。

二 无酒精类鸡尾酒酒谱

一、无酒精类鸡尾酒的调制

酒吧中调酒师们除了向客人提供色彩鲜艳、酒香浓郁的鸡尾酒外,也要为不胜酒力的客人提供一些不含酒精的混合饮料和鸡尾酒。

(一) 宾治(Punch)类

宾治是较大型酒会必不可少的饮料,有含酒精的。也有不含酒精的。即使含酒精,其酒精含量也很低。调制的主要材料是烈性酒、葡萄酒和各类果汁。宾治酒变化多端,具有浓、淡、香、甜、冷、热、滋养等特点,适合于各种场合饮用。

1. 水果宾治（Fruit Punch）

红石榴糖浆……………10 毫升
凤梨汁……………………60 毫升
柳橙汁……………………60 毫升
七喜汽水…………………适量
吧匙………………………1 把
海波杯……………………1 个

在杯中加入 6 分满冰块；量取红石榴糖浆、凤梨汁及柳橙汁，并将其倒入杯内；缓慢注入七喜汽水至 8 分满；用吧匙轻搅几下；置装饰物于杯上，夹取吸管放入杯中。

酒品特点：不含酒精饮品，清凉清新。

（二）常见无酒精类鸡尾酒

无酒精类鸡尾酒的制作方法十分简单：在搅拌器内加入新鲜或冰镇的水果、椰奶、菠萝汁或其他果汁饮料，然后加冰搅拌，用高脚杯盛装，并点缀一片果片便可完成，下面让我们一起试一试，调制一下以下几种常见的无酒精类鸡尾酒。

1. 秀兰·邓波儿（Shirely Temple）

石榴糖浆……………………1 茶匙
姜汁汽水……………………适量
柠檬片………………………1 片

将石榴糖浆倒入坦布勒杯中；用姜汁汽水注满酒杯，轻轻地调和；用柠檬片装饰。

这是以著名演员秀兰·邓波儿的名字命名的鸡尾酒，是一款无酒精长饮饮料。

2. 波斯猫漫步（Pussy Foot）

柠檬汁……………………15 毫升
橙汁………………………20 毫升
菠萝汁……………………15 毫升
石榴汁……………………10 毫升
蛋黄………………………1 个

将所有材料倒入雪克杯中长时间摇和；将摇和好的酒倒入鸡尾酒杯中。

"猫步"是形容那些像猫一样轻轻走路的人。这是一款无酒精类鸡尾酒，加入蛋黄是为了调和出金黄色。

3. 灰姑娘（Cinderella）

橙汁………………………20 毫升
柠檬汁……………………20 毫升
菠萝汁……………………20 毫升

将所有材料倒入雪克杯中摇和；将摇和好的酒倒入鸡尾酒杯中。

这是一款无酒精类鸡尾酒。灰姑娘从一个普通的女孩变成了王妃,寓意非常美好,因此选用此名来命名这款鸡尾酒。

4. 冰果酒(Cool Collins)

鲜柠檬汁……………60 毫升

砂糖…………………1 茶匙

新鲜薄荷叶…………7 片

苏打水………………适量

将柠檬汁和砂糖注入高冷直酒杯;放入薄荷片,用调酒匙捣碎;加满苏打水,轻轻调匀,装饰柠檬薄片和薄荷嫩芽。

只是一款以柠檬汁为基酒的、柯林风格的无酒精类鸡尾酒。如果柠檬汁能是新鲜汁液的话,味道将更加鲜美。

5. 佛罗里达(Florida)

橙汁…………………40 毫升

柠檬汁………………20 毫升

砂糖…………………1 茶勺

安哥斯特拉苦精……2 滴

将所有材料倒入雪克杯摇和;将摇和好的酒倒入鸡尾酒杯中。

6. 拉多加酷乐(Saratoga Cooler)

青柠汁……………… 30 毫升

糖浆…………………1 茶匙

姜汁汽水……………适量

青柠片………………适量

将青柠汁和糖浆倒入盛有冰块的酒杯中;用冰凉的姜汁汽水将酒杯注满,并轻轻地搅拌;您可以根据个人的喜好放入切细的青柠片。

"莫斯科骡马"鸡尾酒是用伏特加做基酒调制而成的,而这款鸡尾酒是它的无酒精版。青柠的酸味及姜汁汽水的爽快口感使得这款酒品口感清凉、美味可口。如果您不喜欢喝甜饮,也可以不放糖浆。

7. 纯真清风(Virgin Breeze)

西柚汁……………… 60 毫升

越橘汁………………60 毫升

将原材料摇匀后倒入盛有冰块的柯林杯中。

"海风"鸡尾酒是用伏特加做基酒调制而成的,而这款鸡尾酒是它的无酒精版。本款冷饮将两种略带甜味的果汁调和在一起,口感如清风般爽快。

8. 蜜桃冰淇淋（Peach Melba）

桃子汁……………… 60 毫升
柠檬汁………………15 毫升
青柠汁………………15 毫升
石榴糖浆……………10 毫升

将原材料摇匀后倒入盛有冰块的古典式酒杯中。

法国餐饮界巨匠埃斯考菲曾将"蜜桃冰淇淋"甜点和一款鸡尾酒献给当时著名的女歌手普莉玛顿娜·梅露芭，于是这款鸡尾酒就使用那个甜点的名字。本款无酒精类鸡尾酒，略带桃子的甜香味，有着大人般的成熟口感。

二、无酒精类鸡尾酒服务

无酒精类鸡尾酒在低温下饮用风味更佳，服务时需要注意以下事项：

操作程序	操作标准及说明
1. 准备水杯	（1）准备好各种洁净、预凉的鸡尾酒杯。 （2）酒杯干净、光亮、无水迹、无破损。
2. 准备无酒精类鸡尾酒	（1）准备好足够的冰块。 （2）低温保存各种饮料、水果，并注意保质期。 （3）服务时放好杯垫，送上无酒精类鸡尾酒。 （4）送上吸管或小勺。
3. 服务无酒精类鸡尾酒	同"酒水服务程序和标准"。

考核指南

1. 基础知识部分 （笔试或口试）
（1）掌握软饮料的分类、概念及制作。
（2）掌握无酒精类鸡尾酒常见的分类。
2. 服务技能部分 （实训室现场操作）
（1）掌握软饮料的工作流程、操作程序和标准。
（2）熟练掌握无酒精类鸡尾酒的调制。

模块四 酒吧服务技巧

专题十七 酒水服务流程

【学习目标】

1. 了解酒吧营业前的服务准备。
2. 掌握酒吧营业中的服务规范。
3. 了解酒吧营业后的服务程序。

一 酒水服务流程

一、酒吧营业前的服务准备

营业前工作准备俗称为"开吧"。主要有酒吧内清洁工作、领货、酒水补充、酒吧摆设和调酒准备工作等。

（一）酒吧内清洁工作

1. 酒吧台与工作台的清洁

酒吧台通常是大理石及硬木制成，表面光滑。由于每天客人喝酒水时会弄脏或倒翻少量的酒水在其光滑表面形成点块状污迹，在隔了一个晚上后便会硬结。所以清洁时先用湿毛巾擦后，再用清洁剂喷在表面擦抹，至污迹完全消失为止。清洁后要在酒吧台表面喷上蜡光剂以保护光滑面。工作台是不锈钢材料，表面可直接用清洁剂或肥皂粉擦洗，清洁后用干毛巾擦干即可。

2. 冰箱清洁

冰箱内常由于堆放罐装饮料和食物使底部形成油滑的尘积块，网隔层也会由于果汁和食物的翻倒粘上滴状和点状污痕，大约3天必须对冰箱彻底清洁一次，从底部、壁到网隔层。先用湿布和清洁剂擦洗干净污迹，再用清水抹干净。

3. 地面清洁

酒吧柜台内地面多用大理石或瓷砖铺砌。每日要多次用拖把擦洗地面。

4. 酒瓶与罐装饮料表面清洁

瓶装酒在散卖或调酒时,瓶上残留下的酒液会使酒瓶变得黏滑,特别是餐后甜酒,由于酒中含糖多,残留酒液会在瓶口结成硬颗粒状;瓶装或罐装的汽水啤酒饮料则由于长途运输舱贮而表面积满灰尘,要用湿毛巾每日将瓶装酒及罐装饮料的表面擦干净以符合食品卫生标准。

5. 杯、工具清洁

酒杯与工具的清洁与消毒要按照规程做,即使没有使用过的酒杯每天也要重新消毒。

6. 其他清洁

酒吧柜台外的地方每日按照餐厅的清洁方法去做,有的饭店是由公共地区清洁工或服务员做。

(二) 领货工作

1. 领酒水

每天将酒吧所需领用的酒水(参照酒吧存货标准)数量填写酒水领货单(见表),送给酒吧经理签名,拿到食品仓库交保管员取酒发货。此项工作要特别注意在领酒水时清点数量以及核对名称,以免造成误差,领货后要在领货单上收货人一栏签名以便核实查对。食品(水果、果汁、牛奶、香料等)领货程序大致与酒水领货相同,只是还要经行政总厨或厨师长签名认可。

2. 领酒杯和瓷器

酒杯和瓷器容易损坏,领用和补充是日常要做的工作。

需要领用酒杯和瓷器时,要按用量规格填写领货单,再拿到管事部仓库交保管员发货,领回酒吧后要先清洗消毒才能使用。

3. 领百货

百货包括各种表格(酒水供应单、领货单、调拨单等)、笔、记录本、棉织品等用品。一般每星期领用一到两次。领用百货时须填好百货领料单交酒吧经理、饮食部经理和成本会计签名后才能拿到百货仓库交仓管员发货。

(三) 补充酒水

将领回来的酒水分类堆好,需要冷藏的如啤酒、果汁等放进冷柜内。补充酒水一定要遵循先进先出的原则,即先领用的酒水先销售使用,先存放进冷柜中的酒水先卖给客人。以免因酒水存放过期而造成浪费。特别是果汁及水果食品更是如此。例如纸包装的鲜牛奶的存放期只有几天,这是调酒员要认真对待的。

(四) 酒水记录

每个酒吧为便于进行成本检查以及防止失窃现象,需要设立一本酒水记录簿,称为 bar book。上面清楚地记录酒吧每日的存货、领用酒水、售出数量、结存的具体数字。每个调酒员取出"酒水记录簿"就可一目了然地知道酒吧各种酒水的数量。值班的调酒员要准确地清点数目,记录在案,以便上级检查。

(五) 酒吧摆设

酒吧摆设主要是瓶装酒的摆设和酒杯的摆设。摆设要有几个原则,就是美观大方,有吸引力、方便工作和专业性强,酒吧的气氛和吸引力往往集中在瓶装酒和酒杯的摆设上。摆设要给客人一看就知道这是酒吧,是喝酒享受的地方。

瓶装酒的摆设一是要分类摆,开胃酒、烈酒、餐后甜酒分开;二是价钱最贵的与便宜的分开摆,例如干邑白兰地,便宜的几十块钱一瓶,贵重的几千块钱一瓶,两种是不能并排陈列的。瓶与瓶之间要有间隙,可放进合适的酒杯以增加气氛,使客人的感觉得到满足和享受。经常用"饭店专用"散卖酒与陈列酒要分开,散卖酒要放在工作台前伸手可及的位置以方便工作。不常用的酒放在酒架的高处,以减少从高处拿取酒的麻烦。

酒杯可分悬挂与摆放两种,悬挂的酒杯主要是装饰酒吧气氛,一般不使用,因为拿取不方便,必要时,取下后要擦净再使用;摆放在工作台位置的酒杯要方便操作,加冰块的酒杯(柯林杯、平底杯)放在靠近冰桶的地方,不加冰块的酒杯放在其他空位,啤酒杯、鸡尾酒杯可放在冰柜冷冻。

(六) 调酒准备

1. 取放冰块

用桶从制冰机中取出冰块放进工作台上的冰块池中,把冰块放满;没有冰块池的可用保温冰桶装满冰块盖上盖子放在工作台上。

2. 配料准备

如李派林喼汁、辣椒油、胡椒粉、盐、糖、豆蔻粉等放在工作台前面,以备调制时取用。鲜牛奶、淡奶、菠萝汁、番茄汁等,打开罐装入玻璃容器中(不能开罐后就在罐中存放,因为铁罐打开后,内壁有水分很容易生锈引起果料变质),存放在冰箱中。橙汁、柠檬汁要先稀释后倒入瓶中备用(存放在冰箱中)。其他调酒用的汽水也要放在伸手拿得到的位置。

3. 水果装饰物

橙角预先切好与樱桃串在一起排放在碟子里备用,面上封上保鲜纸。从瓶中取出少量咸橄榄放在杯中备用,红樱桃取出用清水冲洗后放入杯中(因樱桃是用糖水浸泡,表面太黏)备用。柠檬片、柠檬角也要切好排放在碟子里用保鲜纸封好备用,以上几种装饰物都放在工作台上。

4. 酒杯

把酒杯拿去清洗间消毒后按需要放好。工具用餐巾垫底排放在工作台上,量杯、酒吧匙、冰夹要浸泡在干净水中。杯垫、吸管、调酒棒和鸡尾酒签也放在工作台前(吸管、调酒棒和鸡尾酒签可用杯子盛放)。

（七）更换棉织品

餐巾和毛巾。毛巾是用来清洁抹台的,要湿水用;餐巾(镜布、口布)主要用于擦杯,要干用,不能弄湿。棉织品都只能使用一次清洗一次,不能连续使用而不清洗。每日要将脏的棉织品送到洗衣房更换干净的。

（八）工程维修

在营业前要仔细检查各类电器、灯光、所有家具如酒吧台、椅、墙纸及装修有无损坏。如有任何不符合标准要求的地方,要马上填写工程维修单交酒吧经理签名后送工程部,由工程部派人维修。

（九）单据表格

检查所需使用的单据表格是否齐全够用,特别是酒水供应单与调拨单一定要准备好,以免影响营业。

二、酒吧营业中的服务规范

（一）迎接客人

(1) 客人到来时,酒吧服务员应先微笑后礼貌地使用专业语言问候客人;
(2) 问候时酒吧服务员应同客人保持一两米的距离,目光注视这位客人;
(3) 如果是熟客,应能称呼出客人的姓氏;
(4) 如果客人中有女性,应先向女士问候。

（二）引领客人入座

(1) 伸手示意客人进入酒吧;
(2) 在客人左前方1.5米处为客人引领;
(3) 在引领途中询问客人的人数,以便安排相应的人力服务;
(4) 到达位置后,首先征询客人对座位的位置是否满意;如果客人不喜欢酒吧服务员所指定的位置,则可以由客人自己选择座位。

（三）拉椅让座

(1) 将椅子向后搬开,使客人能够站立于椅子前;
(2) 示意客人坐下;
(3) 当客人向下坐时,将椅子向前推至客人腿部,使客人坐下时感到舒适;
(4) 注意服务时,应遵循先女后男、先宾后主的服务次序。

（四）酒水单服务

1. 准备酒水单

(1) 酒水单应完整、无污渍和破损;
(2) 酒水单的数量应充足,符合酒店的标准规定。

2. 向客人展示酒水单

(1) 站立于客人右后侧;
(2) 将酒水单的第一页打开,双手礼貌地递送给客人;
(3) 递送给客人酒水单时,应遵循先女后男、先宾后主的服务次序。

3. 为客人开单

(1) 将酒水单递送给客人后,应给客人一定的选择时间,然后再询问客人是否可以开单;

(2) 注意要听清楚客人所点要的酒水名称和数量(或分量);

(3) 开列的酒水订单应字迹工整,内容完整;

(4) 记录完毕后应向客人复述一遍其所点要的酒水;

(5) 注意在开单过程中,应注意向客人积极地推销酒吧的产品,争取客人最大限度地在酒吧消费;

(6) 当客人点要进口蒸馏酒或一些特殊饮品时,要问清客人所点要的分量和如何饮用,并记录下来,以便调酒员的制作;

(7) 开单结束后,礼貌地向客人道谢并请客人稍适等候。

开单具体要求

(1) 开单前必须做好:写好日期、姓名、金额等。

(2) 开单时必须写下台号和开单时间(按照营业时间为标准)。

(3) 点单必须唱单、唱收、唱付。

(4) 下单后发现单据有错误,须找齐三联单交给领班签字更改;单据有任何改动要有领班级以上签名方可盖章。

(5) 下完单后所剩的单联自行保管,下班前要求整单上交。

4. 传递酒水订单

(1) 酒吧服务员开单完毕后,应将一份酒水订单迅速地交于调酒员为客人调制或斟倒酒水;

(2) 将另一份酒水订单交酒水账台收银员及时记账,以避免漏账。

(五) 酒水服务

1. 饮料服务

(1) 站在客人右侧0.5米处,按先女士后男士、先客人后主人的次序并按顺时针方向依次进行。

(2) 左手托盘,右手从托盘中取出酒杯,在客人的右侧将杯子放在客人的右上方。

(3) 倒饮料前须提示客人要倒饮料了,对外国客人要说:Excuse me, sir/madam, here is your drink.

(4) 右手从托盘中取饮料,在客人的右侧将饮料倒至杯子的3/4处。

(5) 给客人倒饮料时速度不宜过快,饮料的商标要朝向客人,瓶口不要对着被服务的客人。

(6) 将剩余的饮料或饮料听放在杯的右上方。

(7) 请客人慢慢品尝,对外国客人要说:Please enjoy your drink.

(8) 当客人的杯中饮料剩余1/3时,应上前为客人添加饮料或询问客人是否再续另一杯饮料。

(9) 当客人再次订饮料时,应更换新的饮料杯。

(10) 空瓶及时撤走,客人杯中饮料用完后,客人示意再要饮料时,征得客人同意,马上撤下空杯。

（11）当为客人服务完毕，客人向服务员道谢时，服务员要向客人表示非常高兴提供服务，对外国客人要说：My pleasure, madam/sir.

2. 啤酒的服务

（1）将啤酒、啤酒杯和杯垫放在托盘上，送至客人桌前。

（2）从客人的右侧为客人服务。

（3）先将杯垫放在桌子上，徽标朝向客人，再将啤酒杯放在杯垫上。

（4）将啤酒顺杯壁慢慢倒入杯中，啤酒的商标朝向客人。

（5）将剩余的啤酒放在另外一个杯垫上，酒瓶的商标朝向客人。

（6）当杯中的啤酒占杯体1/2时，上前为客人添加啤酒。

（7）空瓶及时撤走。

3. 烈酒的服务

（1）烈酒的服务和饮料的服务相同。

（2）在提供混合烈酒时，附加饮料要根据客人的爱好添加。

（3）提供完附加饮料后，要用搅棒将混合饮料搅匀，之后将搅棒放入调酒杯中。

4. 白葡萄酒的服务

（1）将酒从冰桶中取出并向订酒的客人展示，订酒的客人确认后放回冰桶中。

（2）用酒刀将瓶口凸出部分的铅封割开、去掉，用口布将瓶口擦拭干净。

（3）将酒钻慢慢钻入酒塞内，轻轻将酒塞拔出，用力不得过猛，以防止酒塞断裂，此过程中严禁转动或摇动酒瓶。

（4）将拔出的酒塞交与订酒的客人评判酒的储存情况。

（5）将已开瓶的酒从酒桶中抽出，用口布将瓶外的水擦拭干净，之后用口布包住瓶子。

（6）向品酒的客人酒杯中注入1/5杯的酒，帮助客人在桌子上轻轻晃动酒杯，以使酒与空气充分接触。

（7）订酒的客人品过酒之后，服务员须征得其同意后，再依次斟酒。

（8）斟酒时服务员须用右手握瓶，从客人的右侧按顺时针方向服务，女士优先，先宾后主。

（9）酒的商标始终朝向客人。

（10）斟酒的量为整个酒杯容量的2/3，以保证酒应有的冷度。

（11）每斟完一杯酒，须将酒瓶按顺时针方向轻轻转动一下，避免瓶口的酒落在桌面上。

（12）为所有客人斟完酒后，将酒瓶轻轻放回冰桶内。

（13）瓶中的酒还剩下一杯的量时，须及时征求客人的意见，看是否再备一瓶酒。

5. 红葡萄酒的服务

（1）将红葡萄酒与相应的酒篮一同向客人展示，订酒的客人确认后在桌边开启。

（2）用酒刀将瓶口突出部分的铅封（或塑封）去除，用口布将瓶口擦拭干净。

（3）将酒钻慢慢钻入酒塞内，轻轻将酒塞拔出，用力均匀，以防止酒塞断裂，此过程中严禁转动或摇动酒瓶。

（4）将拔出的酒塞交与订酒的客人评判酒的储存情况。

（5）向品酒的客人酒杯中注入 1/5 杯的酒，帮助客人在桌子上轻轻晃动酒杯，以使酒与空气充分接触。

（6）订酒的客人品过酒之后，服务员须征得其同意后，再依次斟酒。

（7）斟酒时服务员须用右手握住酒篮，从客人的右侧按顺时针方向服务，女士优先，先宾后主。

（8）酒标须朝向客人。

（9）酒须倒至杯子的 3/4 处。

（10）每斟完一杯酒须将酒瓶按顺时针方向轻轻转动一下，避免瓶口的酒落在桌面上。

（11）为所有客人斟完酒后，将酒瓶连同酒篮一起轻放在客人桌上或桌旁最近的准备台上，瓶口不许指向客人。

（12）服务当中动作要轻、慢，避免酒中的沉淀物浮起，影响酒的质量。

（13）瓶中的酒还剩下一杯的量时，须及时征求客人的意见，看是否再备一瓶酒。

注意：如果客人点了陈年的葡萄酒，则在服务中要加入过滤程序。

（1）酒吧员将酒水服务车轻推到客人的面前。

（2）将需要过滤的红酒轻轻开启，在开启过程中尽量不要让酒中的沉淀物浮起。

（3）左手拿住过滤瓶，右手拿住红酒瓶，借助烛光将红酒慢慢倒入过滤瓶中。

（4）如观察到红酒瓶中的沉淀物浮起，须将酒瓶静置一段时间后再继续过滤。

（5）将过滤完毕的红酒静置一段时间，使空气和酒充分接触。

（6）用过滤瓶为客人服务。

6．香槟酒的服务

（1）将香槟酒从冰桶内抽出并向订酒的客人展示，订酒的客人确认后放回冰桶内。

（2）用酒刀将瓶口的锡纸去除，左手握住瓶颈，同时用拇指压住瓶塞，右手将捆扎瓶塞的铁丝拧开，取下。

（3）用干净的口布包住瓶塞顶部，左手依旧握住瓶颈，右手握住瓶塞，双手同时向反方向转动并缓慢地上提瓶塞，直至瓶内气体将瓶塞完全顶出。

（4）开瓶时动作不宜过快，以避免发出过大的声响而影响客人。

（5）用口布将瓶口和瓶身上的水迹擦拭干净，将酒瓶用口布包住。

（6）用右手拇指抠住瓶底，其余四指分开，拖住瓶身。

（7）向订酒的客人杯中注入 1/5 杯的酒，由其品尝。

（8）订酒的客人品完认可后，服务员须征求客人意见后，再开始斟酒。

（9）斟酒时服务员右手持瓶，从客人右侧按顺时针方向进行，女士优先，先宾后主。

（10）斟酒的量为整个酒杯的 2/3。

（11）每斟 1 杯酒须分 2 次完成，以防止杯中泡沫溢出，斟完酒后须将瓶身按顺时针方向轻轻转一下，防止瓶中的酒液滴落在桌面上。

（12）酒标要朝向客人。

（13）为所有的客人斟完酒后，将酒瓶重新放回原冰桶内冰冻。

（14）当酒瓶中只剩下一杯酒时，须及时征求客人的意见，看是否再备一瓶酒。

（六）撤换烟灰缸

1. 烟灰缸的准备

新烟灰缸应洁净，无水渍、污渍和破损；将2个新烟灰缸放在托盘上。

2. 更换烟灰缸的时机

（1）当客人台面上的烟灰缸内有两个烟蒂时应马上予以更换撤换烟灰缸；

（2）撤换烟灰缸时应用右手从客人的右侧进行更换；

（3）先用一个洁净的新烟灰缸盖在脏的烟灰缸上，再将两个烟灰缸一同撤下放在托盘上；

（4）再将另一只新烟灰缸摆放回台面上原来的位置；

（5）撤换时如果烟灰缸中有半截未熄灭的香烟，应向客人征询是否可以更换；

（6）如果台面上有客人掉落的烟蒂，注意不得用手直接去拾取，应用镊子镊取。

（七）结账服务

1. 结账准备

（1）核对账单，确保账单金额正确，台号无误；

（2）准备账单夹和签字笔。

2. 为客人结账

（1）当客人提出结账要求时，方可为客人结账。将账单放在账单夹中，在客人面前打开，双手给客人，并说："对不起，先生，这是您的账单。"

（2）礼貌地告诉客人账单的金额。

（3）如果客人支付现金，服务员应当着客人的面，核对一下钱款的数目，并唱收钱款。

（4）将账单第一联及找的零钱放在账单夹中，在客人面前打开交给客人。

（5）如果客人使用信用卡，当客人在账单上签完字后，应注意核对笔迹是否同信用卡上的背书相同，并由收银员检查信用卡是否可以使用。

（6）如果客人签单消费时，应请客人在账单上签写正楷字体，并请客人出示房卡或房间钥匙，核对房间号码是否有误。

（八）告别服务

当结账手续完成后，如果客人起身离去时，应主动为客人拉椅道别，并欢迎客人下次再次光临本酒吧。

三、酒吧营业后的服务程序

营业后工作程序包括清理酒吧、完成每日工作报告、清点酒水、检查火灾隐患、关闭电器开关等。

（一）清理酒吧

营业时间到点后要等客人全部离开后，才能动手收拾酒吧，决不允许赶客人出去。先把脏的酒杯全部收起送清洗间，必须等清洗消毒后全部取回酒吧才算完成一天的任务，不能到处乱放。桶要送清洗间倒空，清洗干净，否则第二天早上酒吧就会因发酵而充满异味。把所有陈列的酒水小心取下放入柜中，散卖和调酒用过的酒要用湿毛巾把瓶口擦干净再放入柜中。水果装饰物要放回冰箱中保存并用保鲜纸封好。凡是开了罐的汽水、啤酒和其他易拉罐饮料(果汁除外)要全部处理掉,不能放到第二天再用。酒水收拾好后,酒水存放柜要上锁,防止失窃。酒吧台、工作台、水池要清洗一遍,酒吧台、工作台用湿毛巾擦抹,水池用洗洁精洗。单据表格夹好后放入柜中。

（二）每日工作报告

主要有几个项目,当日营业额、客人人数、平均消费、特别事件和客人投诉。每日工作报告主要供上级掌握各酒吧的营业详细状况和服务情况。

（三）清点酒水

把当天所销售出的酒水按第二联供应单数目及酒吧现存的酒水确实数字填写到酒水记录簿上。这项工作要细心,不准弄虚作假,不然的话所造成的麻烦是很大的,特别是贵重的瓶装酒要精确到0.1瓶。

（四）检查火警隐患

全部清理、清点工作完成后要整个酒吧检查一遍,有没有会引起火灾的隐患,特别是掉落在地毯上的烟头。消除火灾的隐患在酒店中是一项非常重要的工作,每个员工都要担负起责任。

（五）关闭电器开关

除冰箱外所有的电器开关都要关闭。包括照明、咖啡机、咖啡炉、生啤酒机、电动搅拌机、空调和音响。

（六）其他工作

留意把所有的门窗锁好,再将当日的供应单(第二联)与工作报告、酒水调拨单送到酒吧经理处。通常酒水领料单由酒吧经理签名后可提前投入食品仓库的领料单收集箱内。

二 酒吧常见表单

一、酒水饮料单

班次：　　　　　　　　　　酒吧服务员：
日期：　　　　　　　　　　酒吧名称：

1	2	3	4	5
品名	瓶数	容量	单价	小计

总瓶数：　　　　　　　　　审批人：
总成本：　　　　　　　　　发料人：
　　　　　　　　　　　　　领料人：

二、酒水续盘存表

代号：		每瓶容量：		标准存货：
品名：		单位成本：		

日期	收入	发出	发出	结余

三、酒水订购单

订货单位：　　　　　　　　付款条件：
供应商：
订货日期：
送货日期：

数量	容量	项目	单价	小计

订货人：

四、酒水采购明细单

酒水名称：
用途：
一般概述：
详细内容：产地_____　　类型_____
　　　　　　等级_____　　包装_____
　　　　　　规格_____　　容量_____
　　　　　　品种_____　　商标_____

特殊要求：

五、请购单

数量	项目	单位容积	供货单位	单价	小计

申请人：　　　　　　　　　审批人：

考核指南

1. 基础知识部分（笔试或口试）
（1）了解酒吧营业前的服务准备。
（2）掌握酒吧营业中的对客服务规范。
2. 服务技能部分（实训室现场操作）
（1）掌握为客人开单的服务。
（2）掌握结账收银服务。

专题十八 酒吧宾客服务技巧

【学习目标】

1. 了解宾客沟通包括的组成部分。
2. 了解宾客沟通的原则。
3. 掌握合格的酒吧服务员的推销技巧。

一 酒吧宾客沟通技巧

一、酒吧宾客沟通技巧

宾客沟通是将产品推向市场,推向消费者的活动,酒水的推销应以顾客的需要为出发点,尽可能的满足顾客的需要,包括潜在的需要,使公司获得最大的利润,通过沟通可以提供更优质的服务,急客人所需,想客人所想。

根据沟通所需达成的基本目标,沟通包括信息沟通、情感沟通和文化沟通三部分。

（一）信息沟通

由于饭店客源购买饭店产品时,大多需要发生空间上的位移,因此要求饭店在沟通过程中,重点传递一些基本的认识性信息,以达到指导消费之目的。一般饭店信息沟通的重点信息包括：

（1）基本信息：包括基本设施、基本服务项目、基本服务特色、饭店的基本定位等。
（2）交通信息：包括不同交通工具的运行状况、时间、价格等。
（3）天气信息：未来几天内天气基本情况。
（4）物质信息：当地的特色产品、主要商场的介绍。
（5）资源信息：当地或周边地区的主要旅游资源情况。
（6）金融信息：包括股票、期货行情、经济发展态度等。

因此对现代饭店而言,应成为一个"信息中心",指导客人更好地适应环境。

（二）情感沟通

情感沟通建立在信息沟通基础上,即在信息沟通的基础上,促成客人对饭店形成一种积极的感性认识,产生消费偏好。

很多时候,情感沟通借助于各种人性化的柔性能语方和新切适应度的形体动作、表情语言来实现沟通之目的。

（三）文化沟通

文化沟通是沟通的最高境界,即饭店通过日常的服务活动、营销活动,通过有形物质和无形服务等全面展示企业文化,在客人心目中树立一个独特、新颖、与众不同的企业品牌。服务是酒水推销的基础。

二、酒吧员工宾客沟通原则

沟通是通过一定的服务方式来提供给客人的,宾客沟通是在一定的酒吧文化的环境中,使客人在服务过程中得到满足,从而增加酒水的消费数量。坚持以服务为基础,在遵循酒吧服务原则的前提下增加酒水的销售。

（一）以顾客为中心的原则

酒吧经营的一切服务活动和一切服务项目都必须从消费者的角度出发。因此,酒吧服务必须坚持以顾客为中心的原则,尊重顾客的人格、身份、喜好和习俗,避免同顾客发生争吵,坚持"顾客永远都是对的"的原则,在满足客人自尊的同时提供能满足消费动机的服务,增强顾客消费欲望。

（二）周全性原则

现代人消费日趋多样化、高档化,人们不仅要求酒吧能提供丰富多彩、高质量的饮品与服务,而且还要求提供各种代表新潮流的娱乐项目和其他特色服务,来提高客人的消费水平。

（三）体现人情的原则

酒吧作为客人精神需求满足和情感宣泄的理想场所,要在服务上体现出人情味。当客人感到空虚、寂寞、孤独或因繁忙的工作而疲倦、紧张时,他们总能在酒吧中找到适合于自己的服务氛围,酒吧服务应尽量满足客人这种情感上的需求,以增加顾客的回头率和消费能力。

（五）灵活性原则

酒吧服务不像餐饮服务那样呆板,酒吧服务是一个动态过程,应在服务中体现灵活性。一方面客人在酒吧消费的随意性,必须使酒吧服务采取相应的灵活性;另一方面,酒吧消费中经常会出现一些突发性事件,如客人醉酒等,酒吧服务必须采取随机应变的措施,要求在不损害客人自尊或情感的条件下,灵活得体地进行处理。灵活性原则能使酒吧服务最大限度地满足客人的需求。

（六）效率性原则

酒吧的产品一般是即时生产,即时消费。客人所点各种饮料是通过服务人员面对面的直接服务;同时,由于饮料本身的特征要求必须提供快速服务。酒吧服务过程即产品出售过程,也是消费过程。酒吧服务必须要突出高效率,保证高质量地完成酒水的服务。

（七）安全性原则

酒吧服务必须在一个安全的环境中完成;第一,要求酒吧服务人员要保证酒水的质量和卫生安全;第二,要保证客人隐私权得到尊重;第三,要保证客人在酒吧的消费过程中不受干扰和侵害。只有保证酒吧消费的安全,才能维持一个稳定的客源市场,只有保证了酒水质量和卫生安全,才能扩大和提高饮品推销的机会。

宾客沟通是一门艺术,要求服务人员具有必备的酒水知识,掌握酒水的特征,通过提供规范标准的服务,使客人享受到最佳的服务。在服务过程中,服务人员针对不同身份、习俗的顾客推销适合其口味的饮品。顾客对服务人员提供的合理建议是很难拒绝的。

二　酒吧酒水推销技巧

一、酒水推销类型

酒吧中所经营的酒类品种丰富,每种酒都有其自身的特征,拥有不同的颜色、气味、口感,在饮用上也有不同的要求,同类酒由于出产地和年份不同,其口味和价值也有差异。因此,酒水推销最直接、最关键的是服务人员要熟悉酒水及酒吧经营知识,并根据各自的特点向客人推销,这种方法容易被客人接受。

（一）葡萄酒的推销

1. 根据葡萄酒的饮用特点推销

葡萄酒的饮用非常讲究,首先不同颜色的酒,其饮用温度要求不同;其次,葡萄酒用杯容量不同;再次,葡萄酒与菜肴的搭配要求不同。只有服务人员掌握了葡萄酒的这些饮用特点,并根据这些特点向顾客推销,才能使顾客认识到服务人员的专业性和真诚的推销。

2. 推销高档名贵的葡萄酒

首先,推荐酿制年份久远的葡萄酒,这类酒的品质上乘,味道好;其次,推荐世界著名产地的名品葡萄酒,这类酒品虽然价格昂贵,但能满足求新、求异、讲究社会地位的顾客的需求;再次,推荐当地人们熟悉的品牌,这类酒品容易被顾客认可和接受。

（二）香槟酒的推销

香槟酒奢侈、诱惑、浪漫,把人带进一种纵酒豪歌的豪放气氛中。香槟酒适合于任何喜庆的场合。服务人员或调酒师要善于察言观色,向在生意场上获得成功或有喜事的宾客不失时机地推销这类酒品。

调酒师或服务员还可利用香槟酒的特点来创造酒吧活动的特殊气氛,如开香槟时发出清脆的"砰"声,以示胜利的礼炮。开瓶后,用拇指压住瓶口使劲摇后让酒喷洒,表达喜悦之情。香槟酒的推销在于服务人员掌握香槟酒的服务技巧和捕捉顾客的心理——与大家共享欢快的喜悦。

（三）啤酒的推销

啤酒是酒吧中销量最大的酒品。啤酒的推销,第一,要根据饮用特点推销。啤酒含有丰富的营养成分,素有"液体面包"之称,但啤酒很娇贵,不仅容易吸收外来的气味,易于受空气中细菌的感染,而且遇强光易变质。啤酒的最佳饮用温度是在10℃左右。第二,推销名品啤酒和鲜啤酒。鲜啤酒一般为地方性啤酒,与瓶装啤酒相比成本低,利润高。顾客在酒吧饮用啤酒,一方面要品尝地方风味的啤酒,另一方面对名品啤酒兴趣更大,如青岛、百威、嘉士伯、皮尔森等。第三,通过服务技巧来推销啤酒。啤酒中含有二氧化碳气体,酒体泡沫丰富,啤酒的斟倒更具有技巧性。啤酒泡沫不能太多,也不能太少。泡沫太多就会使杯中的啤酒较少,客人会不满意;太少又显得没有气氛。

（四）威士忌的推销

1. 推销威士忌名品

威士忌因产地不同,品牌较多。最著名的威士忌大多产在苏格兰、爱尔兰、美国和加拿大。最著名的品牌有苏格兰的红方、黑方、白马牌威士忌,爱尔兰的尊占臣、老布什米尔、帕地;美国的吉姆宾、老祖父、野火鸡、积丹尼、四玫瑰、七冠王;加拿大的加拿大俱乐部、施格兰特醇等。

2. 按饮用习惯推销

威士忌一般习惯于用1.5盎司的酒加冰和加水(矿泉水、苏打水)后饮用。目前酒吧大多按这种习惯来服务。

（五）白兰地的推销

1. 根据产地推销

法国科涅克地区所产白兰地是目前世界上最好的,因为科涅克地区的阳光、温度、气候、土壤极适于葡萄的生长,所产葡萄的甜酸度用来蒸馏白兰地最好。另外,科涅克的蒸馏技术也是无与伦比的。

2. 根据品牌推销

白兰地很多著名品牌人们都很熟悉,可以利用这一特点进行推销。著名酒品有:百事吉、奥吉尔、金花、轩尼诗、人头马、御鹿、拿破仑、长颈、大将军、金马、金像。

3. 根据酒龄推销

白兰地酒是最具有传奇色彩的。尤其是与它那特殊的陈酿方法相呼应,酒陈酿的时间越长,纯酒精损失得越多,每年约为2%～3%。这样,白兰地的酒龄决定了白兰地的价值,陈酿时间越久,质量越好。

（六）鸡尾酒的推销

1. 根据鸡尾酒的色彩推销

鸡尾酒的色彩是最具有诱惑力的,服务人员可根据其色彩的组合,向客人介绍色彩的象征意义等。

2. 根据鸡尾酒的口味推销

鸡尾酒的口味对中国人来说,可能最初有不适应的地方,但是,当今世界上有各种流行口味可让顾客了解,如偏苦味、酸甜味等,以促进鸡尾酒的消费。

3. 根据鸡尾酒的造型推销

鸡尾酒的造型表达不同的含义,突出酒品的风格,服务人员可通过对造型的说明向客人推销。

4. 推销著名的鸡尾酒品

尽管人们对鸡尾酒不太熟悉,但是对一些著名的酒品,人们可能都听说过,如马丁尼、曼哈顿、红粉佳人等,可以通过典故来加以描述其特征和特殊效果。

5. 通过调酒师的表演来推销

调酒师优美的动作、高超的技艺能给予顾客赏心悦目的感受。顾客在欣赏调酒师精彩的调酒技巧的同时,会对调酒师及鸡尾酒产生浓厚的兴趣和依赖感,这样就能达到推销的目的。

二、酒水推销技巧

(一)熟悉产品的名称、规格、种类、价格、原料、配料、饮用方式及跟配物品;

(二)体谅客人,关心客人;

(三)与客人交谈,没有比亲切的问候、愉快的交谈更使顾客满意的;

(四)对客人要感兴趣,善解人意顾客会感激;

(五)及时准确地提供服务,当客人的饮品只剩 1/3 时服务员应询问客人是否需要添加饮品或建议客人饮用其他饮品;

(六)谨记客人的姓名及爱好的酒水以便日后客人再次光临时称呼和介绍酒水,增加对你的信心;

(七)要让你自己对食品的喜好与偏见影响客人;

(八)有时要进行生动性的描述,引起客人消费的欲望;

(九)当客人不能决定要什么时,最好是介绍高价、中价、低价多款,由客人选择;

(十)询问客人饮料时要先女士后先生,同时兼顾每一位顾客;

(十一)时刻注意每一张茶几的变化,注意到每一件物品(酒杯、烟盅)是否需要服务;

(十二)努力做到五勤:勤巡视、勤观察、勤询问、勤推销、勤添加酒水;

(十三)喝一杯加一杯,空瓶空罐迅速撤走;

(十四)当客人需要酒类时应推销西厨出品等下酒小菜,客人有醉意时推销解酒饮品,当客人过生日或特别庆典时应推销香槟酒,临近午夜时推销西厨主食,当有重要客人时应推销洋酒等名贵出品,显示其身份和档次;

(十五)特别注重内部工作人员的促销作用,当与客人坐下时,应及时送上酒杯倒酒,及时加酒,密切配合进行促销;

(十六)当客人点完酒水不需要其他项目时,应主动推销水果拼盘、小食,使用专业推销语言:"先生您好,请问您几位朋友是否需要来个水果拼盘?"一至两位客人推销中生果,三至四位客人推销大生果,推销过程中注重女生、小孩、年长者和主宾等客人的选择。

考 核 指 南

1. 基础知识部分（笔试或口试）
（1）了解宾客沟通的组成部分。
（2）了解宾客沟通的原则。
2. 服务技能部分（实训室现场操作）
（1）根据不同酒水的特征模拟宾客推销技巧。

专题十九　酒吧经营与管理

【学习目标】

1. 了解酒吧日常经营管理内容。
2. 了解酒水成本管理的内容。
3. 了解酒水验收管理的内容。

一　酒吧日常管理

一、酒吧日常经营管理

一个酒吧的经营效益如何与其在经营管理过程中的日常管理是有着密切联系的,通常酒吧的日常管理又可分为酒吧的人员配备及其工作安排和酒吧的质量管理,这方面的管理内容每一名酒吧经理都是必须要掌握的。

酒吧人员的配置、酒吧的卫生管理、酒吧仪器设备管理、酒吧客户关系管理、酒吧全面质量管理。

（一）人员配备

人员配备应根据酒吧的营业时间和营业状况而定。营业时间多是上午11点至次日1点;营业状况主要根据每天的营业额及供应酒水的杯数。一般50个座位每天配备调酒师2人,繁忙时,可按每日供应100杯饮料配备调酒师1人。

（二）酒吧人员工作安排

（1）根据酒吧日工作量的多少安排人员。
（2）上午安排人员较少,晚上多安排。
（3）交接班的时间在半小时至1小时之间。
（4）酒吧采用轮休制。

二、酒水成本管理

(一) 原料采购控制概述

原料采购控制是酒水经营成本控制的首要环节,它直接影响酒水经营企业的整体经营效益,影响酒水成本的形式。所谓原料采购就是指企业根据经营需要以理想的价格购得符合企业标准的酒水和配料。企业为达到最佳经营效果和控制成本,应对所需要的原料品种、质量、价格和采购数量进行合理的控制。

(二) 采购员素质要求

采购员指负责采购酒水和配料的工作人员,包括专职或兼职采购员。合格的采购员应认识到原料采购的目的是为了销售,因此所采购酒水的种类、品牌、等级和产地应符合实际需要。采购员应熟悉酒水名称、规格、质量、产地和价格,重视酒水供应渠道,善于市场调查和研究、关心酒水储存情况。同时具备良好的外语阅读能力,能阅读进口酒水说明。此外采购员必须严守财经纪律,遵守职业道德,不利用职务之便营私舞弊。

(三) 质量与规格控制

酒水质量指酒水的气味、味道、特色、酒体、酒精度、颜色等。而酒水规格指酒水等级、产地、年限等。控制酒水质量与规格必须制定企业的酒水质量和规格标准。首先根据酒单需要做出具体采购标准规定。由于酒水品种与规格繁多,企业必须按照自己的经营范围,制定本企业酒水采购文件,达到预期使用目的,并作为供货商的依据。为了使制定的标准采购文件满足经营需求,管理人员应写明酒水名称、品牌、产地、品种、类型、等级、甜度、容量、浓度、酒精度、包装、添加剂含量等标准,文字应简洁明了。

(四) 采购数量控制

采购数量是采购的重要环节。采购数量是直接影响原料成本的构成和数额,因此管理人员应根据企业经营策略和市场因素制定合理的酒水采购数量。通常原料采购数量受销售量、贮存期、贮存条件及设施、便利条件、流动资金等影响。

1. 最低贮存量

酒水经营企业贮存的各种酒水和食品都有一定的标准贮存量,当各种酒水或食品数量降至需要采购的数量,而又能够维持至新的原料到来时,这个数量称为原料的最低贮存量。

计算方法是:最低准存量 = 日需要量 × 发货天数 + 保险贮存量

2. 采购数量

酒水或食品采购数量是酒水经营企业采购控制的一个重要因素。采购过量的原料会占据仓库的空间,占压资金,影响质量。相反,过多的采购频率会增加采购费用,耽误经营。企业必须制定合理的采购数量。

计算方法是:采购量 = 标准贮存量 − 现存量 + 日需要量 × 发货天数

3. 标准贮存量

标准贮存量是企业对某种酒水或原料的最高储存数量。

计算方法是:标准贮存量 = 日需要量 × 采购间隔天数 + 保险贮存量

4. 保险贮存量

保险贮存量是为防止市场供货问题和采购运输问题预留的原料数量。企业某种原料保险储存量的确定要根据市场供应情况和采购运输的方法程度而定。

(五)日需要量

酒水日需要量指餐厅或酒吧每天对某种酒水或原料需要的平均数。

例1:某西餐厅每天平均销售各种品牌葡萄酒120瓶,该餐厅每隔4周采购1次葡萄酒。葡萄酒的保险贮存量是240瓶,企业采购葡萄酒需要2天时间。计算葡萄酒的标准贮存量、最低贮存量和采购数量。

葡萄酒的标准贮存量 = $120 \times 28 + 240 = 3600$(瓶) 葡萄酒的最低贮存量 = $120 \times 2 + 240 = 480$(瓶)

例2:根据例1,若仓库中尚存290瓶葡萄酒,应采购多少箱葡萄酒(每箱6瓶葡萄酒)。

葡萄酒采购数量 = $3600 - 290 + 120 \times 2 = 3550$(瓶) = 592(箱)

三、酒水验收管理

酒水验收时指酒水验收员按照酒店制定的酒水验收程序与质量标准,检查酒水供应商发送的,或由采购员购来的酒水质量、数量、规格、单价和总额等的工作,并将检验合格的各种酒水送到酒水储藏室,记录检查结果的过程。酒水验收是酒水采购的一个重要环节。做好验收工作,能防止接收变质的食品原料,并且及时验收能防止原料因无人看管而发生失窃的可能。

(一)验收内容

1. 核对发票与订购单

饮料验收员在货物运到后,首先要将送货发票与相应的订购单核对。核对发票上的供货以及收货单位与地址,避免收错货。

2. 检查价格

核对送货发票上的价格与订单上的价格是否一致。

3. 检查酒水质量

检查实物酒水的质量和规格是否与订购单相符,账单上的规格是否与订购单一致。酒水验收员应该检查酒水的度数、商标、酿酒年份、酒水色泽、外包装等是否完好,是否超过保存期,酒水质量符合要求方可接收入库。若发现质量问题,如出现包装破损、密封不严、酒水变色、气味怪异、酒液混浊、超过有效日期等现象,验收员有权当场退货。

4. 检查酒水数量

检查酒水的数量与订购单、发票上的数量是否一致。必须仔细清点各种酒水的瓶数、桶数或箱数。对于以箱包装的酒水,要开箱检查,检查箱子特别是看下层是否装满。如果酒水验收员了解整箱酒水的重量,也可通过称重来检查。

如果在验收之前,瓶子已破碎,运来的饮料不是企业订购的牌号,或者到货不足,验收员要填写货物差误通知单。如果没有发票,验收员应根据实际货物数量和订购单上的单价,填写无购货发票收货单。

(二)填写验收单

所有供货商送货,都应有附带送货发票。送货员给酒水验收员的送货发票有两联,送货员会要求验收员在送货发票上签名。验收员签名后,将第二联交回送货员,以示购货单位收到了货物,第一联则交给财务人员。

验收完成后,酒水验收员应立即填写日报表,待每日所有收货验收工作全部结束后,再将其汇总上交财务人员。

(三)退货处理

若供应商送来的酒水不符合采购要求,应请示酒店经理是否按退货进行处理。若因经营需要决定不退货,应由酒店经理或相关决策人员在验收单上签名。若决定退货,验收员应填写退货单。

退货时,验收员应在退货单上填写所退酒水名称、退货原因及其他信息,并在退货单上签名。退货单一式三份,一份交送货员带回供货单位,一份自己保留,一份交财会人员。

验收员退货后,应立即通知采购员重新采购,或通知供货单位补发或重发。

(四)酒水入库登记

1. 酒水入库时,应在酒水包装上注明以下信息

(1)收货日期。这一信息有助于贯彻"先进先出"的原则。

(2)购进日期。方便在存货计价时查询用。

(3)在酒水包装上加酒水标牌。酒水标牌上提供酒水品名、进货日期、酒水数量或重量,酒水单价和金额。这些信息由验收员在验收酒水时填写。

2. 酒水标牌的主要作用表现在以下几个方面

(1)有利于迅速进行存货清点,简化酒水清点手续。

(2)有利于按"先进先出"的原则使用酒水。

(3)简便发料计价手续。

二 酒吧销售管理

一、酒水销售控制

(一)零杯酒水的销售控制

(1)计算每瓶酒的销售份额,然后统计出来每一段时间内的销售总额,采用还原控制法进行酒水成本的控制。

(2)酒水销售的标准计量有30毫升、45毫升、60毫升三种。

(3)零杯销售关键在于日常控制。日常控制一般通过酒吧酒水盘存表来完成。

(二)整瓶酒水的销售管理

(1)整瓶酒水销售是以瓶为单位对外销售。

(2)酒吧通常采用低于零杯销售10%~20%的整瓶价格对外销售的酒水。

(3)整瓶销售的酒水品种和数量填入日报表中,由主管签字后附上订单,一联交财务部,一联交酒吧保存。

(三)混合酒水的销售控制

(1)混合酒水销售又称配置销售或调制销售,是指混合饮料和鸡尾酒的销售。

(2)酒吧管理人员可以依据鸡尾酒的配方采用还原控制法实施酒水的控制。

（3）根据鸡尾酒的配方计算出每一种酒品在某段时间的使用数量，然后再按标准计量还原成整瓶数。计算方法：酒水的消耗量＝配方中该酒水用量×实际销售量。

（4）混合酒水销售还可以采用鸡尾酒销售日报表进行控制。

二、小型酒吧酒水销售控制

（1）利用顾客酒水账单，加强对销售和收款的控制。

（2）使用收银机，在每杯酒水销售时记录每笔销售额，并为每一位顾客累计销售额。

（3）将酒水账单放在顾客前，做好账单记录工作。

（4）收银员应对作废记录进行调整，财务人员在会计本上记录当天销售额之前，应根据无效销售数额对营业额进行调整。

三、大型酒吧酒水销售控制

（1）调酒师配置酒水，应将酒水账单记录打入收银机，再将酒水和账单交给收银员。服务员给顾客送账单之前，应计算总金额。

（2）如果顾客现金结账，服务员收款后，将现金和酒水账单一起交给调酒师。

（3）如果顾客用信用卡结账，服务员应向顾客收取信用卡和酒水账单，填写信用卡记账凭证，并查对信用卡黑名单。

（4）调酒师检查凭证后，在收银机上打入记账金额。

考 核 指 南

1. 基础知识部分（笔试或口试）

（1）如何配备酒吧人员？

（2）简述酒水成本管理的基本内容。

（3）介绍酒水销售控制的基本方法。

2. 服务技能部分（实训室现场操作）

以酒吧实训场所为基础制订酒吧日常管理计划书。

附录一 酒吧调酒师职业技能标准

（一）职业概况

职业定义：在吧或餐厅等场所，根据传统配方或宾客的要求，专职从事配制并销售酒水的人员。

职业等级：

本职业共设五个等级，分别为：初级（国家职业资格五级）、中级（国家职业资格四级）、高级（国家职业资格三级）、技师（国家职业资格二级）、高级技师（国际职业资格一级）。

职业能力特征：手指、手臂灵活，动作协调。色、味、嗅等感官灵敏。

基本文化程度：高中毕业（含同等学历）。

（二）鉴定要求

适用对象：从事或准备从事调酒师工作职业人员。

申报条件：

——初级（具备下列条件之一者）

（1）经本职业初级正规培训达规定标准学时数，并取得毕（结）业证书。

（2）在本职业见习2年以上。

——中级（具备下列条件之一者）

（1）取得本职业初级职业资格证书后连续从事本职业工作3年以上，经本职业中级正规培训达到规定标准学时数，并取得毕（结）业证书。

（2）取得本职业初级职业资格证书后，连续从事本职业5年以上。

（3）取得经劳动保障行政部门审核认定的，以中级技能为培养目标的中等以上职业学校本职业毕业证书。

——高级（具备下列条件之一者）

（1）取得本职业中级职业资格证书后并连续从事本职业工作4年以上，经本职业高级正规培训达规定标准学时数，并取得毕（结）业证书。

（2）取得本职业中级职业资格证书后，连续从事本职业工作8年以上。

（3）取得经劳动保障行政部门审核认定的，以高级技能为培养目标的高等职业学校本职业毕业证书。

——技师（具备下列条件之一者）

（1）取得高级职业资格证书后连续从事本职业工作5年以上，并经本职业技师正规培训达到规定标准学时数，取得毕（结）业证书。

（2）取得本职业高级职业资格证书后，连续从事本职业工作8年以上。

(3)取得本职业高级职业资格证书的高级技工学校毕业生,连续从事本职业满2年。

——高级技师(具备下列条件之一者)

(1)取得调酒技师职业资格证书后连续从事本职业工作3年以上,并经职业高级技师正规培训达到标准学时数,并取得毕(结)业证书。

(2)取得本职业技师职业资格证书后,连续从事本职业工作5年以上。

(三)基本要求

1. 职业道德

忠于职守,礼貌待人;

清洁卫生,保证安全;

团结协作,顾全大局;

爱岗敬业,遵纪守法;

钻研业务,精益求精。

2. 基础知识

(1)法律知识

《劳动法》、《税法》、《价格法》、《食品卫生法》、《消费者权益保障法》、《公共场所卫生管理条例》基本知识。

(2)饮料知识

饮料知识概述;

饮料的分类;

酒的基础知识;

发酵酒、蒸馏酒、混配酒。

(3)酒吧管理与酒吧设备、设施、用具知识

酒吧的定义与分类;

酒吧的结构与吧台设计;

酒吧的组织结构与人员构成;

酒吧的岗位职责;

酒吧设备;

酒吧用具;

酒吧载杯。

(4)酒单与酒谱知识

酒水服务项目与酒单的内容;

酒单与酒水操作;

酒单的设计与制作;

标准化酒谱;

酒水的标准计;

酒水的操作原则。

(5) 调酒知识

鸡尾酒的定义与分类；

鸡尾酒的调制原理；

鸡尾酒的制作方法；

鸡尾酒的创作原则。

(6) 食品营养卫生知识

食品卫生基础知识；

饮食业食品卫生制度；

营养基础知识；

合理的餐饮搭配。

(7) 饮食成本核算

饮业产品的价格核算；

酒单的成本核算；

酒会酒水的成本核算。

(8) 公共关系与社交礼仪常识

公共关系；

社交艺术；

礼节礼貌；

仪表仪容。

(9) 旅游基础知识

旅游常识；

中外风俗习惯；

宗教知识。

(10) 外语知识

酒吧常用英语；

酒吧术语；

外文酒谱；

酒与原料的英语词汇；

酒吧设备设施调酒工具的英语词汇。

(11) 美学知识

色彩在酒水出品中的应用；

酒吧的创意与布局；

调酒艺术与审判原则；

食品雕刻在鸡尾酒装饰中的作用。

(四) 工作要求

本标准对初、中、高级、技师及高级技师的技能要求依次递进，高级别包括了低级别的要求。

初级

职业功能	工作内容	技能要求	相关知识
一、准备工作	(一)酒水准备	1. 能够完成对盘存表格的辨别与查对 2. 能够完成饮料品种及数量的准备 3. 能够完成饮料的服务准备 4. 能够进行酒水品种分类	1. 酒水基础知识 2. 酒水服务知识
	(二)卫生工作	1. 能够完成对个人卫生、仪表、仪容的准备与调整 2. 完成酒吧基本的清洁卫生 3. 能够对餐、酒具进行消毒、洗涤	1. 酒吧清洁程序和方法 2. 餐、酒具消毒洗涤方法
	(三)辅料准备	辅料原料的准备	原材料准备程序与方法
	(四)器具用品准备	1. 能够完成调酒器具、器皿的准备 2. 能够完成酒单的摆放及酒架陈列 3. 能够完成酒吧用具的摆放	酒吧酒具摆放规范
二、操作	(一)调酒操作	1. 能够掌握鸡尾酒操作的基本方法: (1) 搅和法 (2) 兑和法 (3) 摇和法 (4) 调和法 2. 能够根据配方调制一般常用软饮料及简单的鸡尾酒20款 3. 能够正确使用酒吧的常用杯具	1. 鸡尾酒调制步骤与程序 2. 酒谱的识读方法 3. 使用酒吧杯具的基本方法
	(二)饮料操作	1. 能够按以下原则完成软饮料的制作与出品: (1) 选用相应载杯 (2) 按规范开瓶(罐) (3) 按规范倒入 (4) 根据品种要求加冰及柠檬片 (5) 使用杯垫 2. 能够按以下原则完成罐啤酒的出品: (1) 冷冻啤酒杯 (2) 按规范开瓶(罐)或从机器中打酒 (3) 按规范倒酒 (4) 会安装拆卸生啤酒桶	1. 软饮料操作程序与标准 2. 啤酒出品程序与操作要求
三、服务	酒吧服务	1. 能够按规范完成酒吧饮料服务 2. 能够运用一门外语进行简单的接待服务 3. 能够完成酒吧的结账工作	1. 酒吧常用英语 2. 服务基本程序 3. 礼节礼貌知识

中级

职业功能	工作内容	技能要求	相关知识
一、准备工作	（一）酒水准备	1. 能够完成对盘存表格等有关表格的填写 2. 能够完成对饮料品种的质量检查及饮品服务温度的检查 3. 能够完成一般酒会的准备和服务	1. 酒水表格的填写与辨别 2. 酒水质量检查程序与方法 3. 酒会准备、服务程序标准
	（二）卫生工作	1. 能够完成对个人卫生、仪表仪容的准备 2. 能够完成酒吧的日常性的清洁卫生工作 3. 能够熟练完成餐酒具消毒、洗涤	1. 酒吧卫生标准 2. 酒吧日常卫生操作程序
	（三）辅料准备	1. 能够完成鸡尾酒装饰物的准备 2. 能够完成一般果汁类的准备 3. 能够完成调酒专用糖浆的准备	1. 鸡尾酒装饰物的制作方法 2. 制作果汁、糖浆的方法
	（四）器具用品准备	1. 能够根据营业需要完成调酒器具、器皿的准备与调整 2. 能够准确完成酒单、酒架的摆放及更新 3. 能够根据操作需要完成酒吧用具摆放的调整	酒吧器具、器皿、酒单、酒架摆放规范及原则
二、操作	（一）调酒操作	1. 能够熟练运用以下鸡尾酒操作方法调制鸡尾酒： （1）搅和法 （2）兑和法 （3）摇和法 （4）调和法 2. 能够数量掌握常用鸡尾酒调制步骤及注意事项 3. 能够调制各类常用鸡尾酒50款 4. 能够正确使用及保养酒吧的设备、用具及器皿	1. 鸡尾酒制作程序 2. 调酒原理 3. 酒吧设备、用具的保养及使用知识
	（二）饮料操作	1. 能够熟练掌握软饮料的制作与出品技巧 2. 能够按以下原则熟练掌握或完成烈酒服务、制作与出品： （1）选用相应载杯 （2）按规范开瓶 （3）使用量酒器 （4）按规范倒酒 （5）根据品种要求加冰及装饰物、辅料 （6）使用杯垫	软饮料、烈酒的操作程序
三、服务	酒吧服务	1. 能够掌握酒吧饮料服务的程序并按规范进行操作 2. 能够掌握与宾客沟通的一般技巧和酒水推销技巧	1. 酒吧服务常识 2. 推销技巧

高级

职业功能	工作内容	技能要求	相关知识
一、准备工作	（一）酒水准备	1. 能够完成对填写好的营业表格（盘存、进货、退货营业日报等）进行审核与分析 2. 能够根据营业需要，完成对品种及数量的准备检查 3. 能够准确完成饮料品种的质量、服务温度的检查 4. 能够设计、组织一般酒会，并能够进行基本的成本核算 5. 能够完成对酒吧所有准备工作的检查督导	酒吧服务与管理知识
	（二）卫生工作	1. 能够完成对个人卫生、仪表、仪容的准备 2. 能够完成酒吧的日常性的清洁卫生工作 3. 懂得餐酒具消毒原理并熟练掌握各种不同类型餐酒具的消毒技巧 4. 能够完成对酒吧卫生工作的检查	1. 食品卫生要求 2. 仪表仪容标准 3. 饮料质量、卫生标准 4. 酒吧环境卫生标准
	（三）辅料准备	1. 能够制作较复杂鸡尾酒装饰物 2. 能够制作各类果汁 3. 能够完成调酒专用原料的制作及质量鉴别	1. 鸡尾酒装饰物的制作知识 2. 食品雕刻与鸡尾酒装饰物知识 3. 调酒专用原料的调制及果汁调配基础知识
	（四）器具准备	1. 能够对调酒器具、器皿的准备制定标准 2. 能够完成对酒单、酒架的摆放与陈列制定标准 3. 能够完成对吧台及酒吧用具的摆放制定标准	酒吧设备及用具规格标准
二、操作	（一）调酒操作	1. 能掌握全面的调酒技术 2. 能够调制 80 款（含中级 50 款）以上常见的鸡尾酒 3. 能够根据命题创作鸡尾酒 4. 能够熟练使用酒吧各类用具、设备	鸡尾酒调制原理与创作法则
	（二）饮料操作	1. 能够完成所有软饮料的制作与出品，操作原则同初中级 2. 能够完成所有烈酒服务的制作与出品，操作原则同初中级 3. 能够完成葡萄酒、汽酒的出品 4. 能够完成各种茶饮料的制作	葡萄酒的服务知识与茶饮料的调制方法
三、服务	酒吧服务	1. 能够熟练进行酒吧饮料服务 2. 能够掌握一门外语 3. 能够熟练掌握与宾客沟通的技巧	1. 外语知识 2. 餐饮服务基本程序技巧

技师

职业功能	工作内容	技能要求	相关知识
一、操作	(一)鸡尾酒创作	能够根据宾客要求创作鸡尾酒	鸡尾酒的创作原理
	(二)插花	能够根据创意制作插花	花艺基本知识
	(三)酒吧布置	1. 能够根据酒吧的主题设计、布置酒吧 2. 能够根据酒吧特点设计酒水陈设	酒吧设计的基本要求及规范
	(四)酒会设计	能够设计、组织各类中、小型酒会	1. 餐台布置的基本要求 2. 酒会设计知识
二、管理	(一)服务管理	1. 能够编制酒水服务程序 2. 能够制定酒水服务项目 3. 能够组织实施酒吧服务	服务管理知识
	(二)培训	能够配合酒吧的培训计划的实施	培训技巧
	(三)控制	1. 能够对酒吧的服务工作进行检查 2. 能够对酒吧的酒水进行质量检查 3. 能够处理宾客投诉	1. 心理学知识 2. 服务管理知识 3. 法律知识

高级技师

职业功能	工作内容	技能要求	相关知识
一、操作	(一)鸡尾酒创新	1. 能够根据宾客要求和经营需要设计创新鸡尾酒 2. 能够掌握对鸡尾酒调制技法的综合作用	1. 鸡尾酒品种的创新与调酒技法创新的基本原则 2. 酒水营养学知识
	(二)插花	能够根据环境设计的需要制作各类花卉制品	在不同环境下制作花卉制品的基本知识
	(三)酒会设计	能够设计组织大型酒会	1. 餐台布置技巧在大型酒会中的应用 2. 酒会设计的基本要求
二、经营管理	(一)酒单设计	1. 能够根究酒吧特点进行酒单设计 2. 能够根据要求对酒进行中外文互译	酒单制作与设计基本要求
	(二)组织与管理	1. 能够制订酒吧经营管理计划 2. 能够设计制作酒吧运转表格 3. 能够对酒吧进行定员定编 4. 能够制订饮料营销计划并组织实施 5. 能够对酒吧进行物品管理 6. 能够对酒水合理定价,进行成本核算 7. 能够组织实施员工的培训	1. 酒吧经营管理知识 2. 酒吧营销基本法则 3. 餐饮业酒水核算知识
三、研究	研究开发	能够研究开发特色鸡尾酒	国际酒吧业的发展和最新动态

附录二 酒吧常用英语

酒吧　Pub、Lounge、Bar
饮料单　Beverage Menu
非酒精性饮料　Non-Alcoholic Drinks
浸润、清洗　Rinse
冰柜　Ice Bin
酒吧工作站　Bar Station
酒吧枪　Bar(Speed) Gun
不锈钢料理台滴水台面　Drain Board
冰槽里的小柜　Jockey Box
溅溢之轨道　Spill Rail
溅撒软胶垫　Spill Mat
酒吧置酒架　Bar Rail(Shelf)
切成长条状柠檬皮　Lemon Twist
酒吧工作站之后面区域　Back Bar
橄榄　Olive
搅碎用之果汁机　Blender
置瓶井　Bottle Inserts
拌机、混合机　Mixer
制冰机　Ice Machine
酒吧前面区域　Front Bar
酒吧台前之轨道或沟槽　Rail
主要水槽　Main Sink
装饰物　Garnish
杀菌剂　Disinfectant
盛放装饰物之盒子　Garnish Tray
自动洗杯机　Automatic Glasswasher
吸管　Straw
清洁剂　Detergent
冰箱　Refrigerator
柜台　Counter

步入式冷冻柜　Walk-In Freezer
快速倒酒之酒嘴　Speed Pourer
伸手可取式冷藏柜　Reach-In Cooler
烈酒枪　Liquor Gun
青柠汁　Lime Juice
盐糖容器　S & S Container
红石榴汁　Grenadine
削皮刀　Paring Knife
砧板　Cutting Board
酸苦艾酒　Dry Vermouth
冰块　Rocks、Ice Cubes
甜苦艾酒　Sweet Vermouth
橙皮酒　Triple Sec
碎冰　Crushed Ice
苏打水枪　Soda Gun
刨冰　Shaves Ice
七喜汽水　Seven Up、7Up
冰铲　Ice Scoop
无糖可乐　Diet Coke
冰夹　Ice Tong
姜汁汽水　Gingle Ale
纸巾　Napkin
雪碧汽水　Sprite
鸡尾酒用正方形纸垫　Cocktail Napkin
汤力水　Tonic Water
搅拌杆　Stir Rod
软饮料　Soft Drink
牙签　Pick
服务员工作站　Service Station
挤汁用的小水果块　Squeezer

鸡尾酒杯　Cocktail Glass
调拌杯　Mixing Glass(Cup)
服务员用软木开瓶器　Waiter's friend
摇酒器　Shaker
木制搅拌棒　Wooden Muddler
过滤器　Strainer
水壶　Pitcher
厚质杯垫　Coaster
棉毛巾　Cotton Towel
酒吧长匙　Bar Spoon
水果挤压器　Fruit Extractor
量酒器　Jigger
酒嘴　Pour Spout
量匙　Measuring Spoon
波本威士忌　Bourbon Whiskey
苏格兰威士忌　Scotch Whisky
甜酸汁　Sweet & Sour Juice
伏特加酒　Vodka
鸡尾酒签　Cocktail Spear
杜松子酒、琴酒　Gin
打蛋器　Egg Beater
兰姆酒　Rum
装混合酒之大缸　Punch Bowl
龙舌兰酒、特基拉酒　Tequila
柠檬挤汁器　Lemon Squeezer
白兰地　Brandy
香甜酒　Liqueurs, Cordials
老时髦酒杯　Old Fashioned Glass
玻璃杯皿　Glassware
冰冻甜点酒杯　Parfait
高脚酒杯　Goblet
白兰地狭口酒杯　Brandy Snifter
缸形大酒杯　Pot
微风酒杯　Breeze
彩虹酒杯　Pousse Cafe
马克杯　Mug
吞饮酒杯　Shot Glass
笛状香槟酒杯　Flute Champagne

伟大的干杯酒杯　Salud Grande
碟状香槟酒杯　Saucer Champagne
大圆球形的啤酒杯　Schooner
香甜酒杯　Cordial Glass
爱尔兰国花咖啡酒杯　Shamrock Cafe
雪利酒杯　Sherry Glass
果酸杯　Sour Glass
有把手及杯盖大啤酒杯　Tankard
陶制啤酒壶　Stein
郁金香花形香槟酒杯　Tulip Champagne
短矮杯里先加入冰块　On the Rocks
置酒器盛酒器　Decanter
雾：短杯里加入碎冰　Mist
双层大圆形酒杯　Coupette
法佩：高脚杯加碎冰　Frappe
牵牛花形啤酒杯　Flare
先摇晃过滤再入杯内　On and Over
盛放冰块的大矮酒杯　Rock Glass
洗碗盘工人（洗盘员）　Dishwasher
海波酒杯　Highball
倒掉冰块　Dump Ice
沉重底部啤酒杯　Heavy Base Pilsner
杯子预先温热　Pre-heat the Glass
大风酒杯　Squall
甘草　Licorice
飓风酒杯　Hurricane
杏仁　Almond
爱尔兰咖啡杯　Irish Coffee Cup
伦敦辛辣杜松子酒　London Dry Gin
花束　Bouquet
荷兰杜松子酒　Dutch Gin
扁平之餐具　Flatware
野莓杜松子酒　Sloe Gin
磁制之餐具　Chinaware
干邑白兰地　Cognac Brandy
酒精饮料　Alcoholic Beverages
加味白兰地　Flavored Brandy
酿造酒　Fermented

纯浓白兰地	Straight Brandy	法国柑橘香甜酒	Cointreau
开胃酒	Aperitif	蜂蜜香甜酒	Chartreuse
调制威士忌	Blended Whiskey	杏仁香甜酒	Creme de Almond
甜点酒	Dessert Wine	樱桃白兰地	Cherry Brandy
保税威士忌	Bonded Whiskey	香蕉香甜酒	Creme de Banana
起泡酒	Sparkling Wine	美国蜜桃香甜酒	Southern Comfort
玉米制之威士忌	Corn Whiskey	可可香甜酒	Creme de Cacao
葡萄酒	Wine	薄荷斯内普香甜酒	Spearmint Schnapps
田纳西威士忌	Tennessee Whiskey	黑醋栗香甜酒	Creme de Cassis
麦酒	Ale	草莓斯内普香甜酒	Strawberry Schnapps
加拿大威士忌	Canadian Whisky	薄荷香甜酒	Creme de Menth
黑啤酒	Porter	牙买加咖啡香甜酒	Tia Maria
爱尔兰威士忌	Irish Whiskey	草莓香甜酒	Creme de Strawberry
啤酒	Beer	柑橘香甜酒	Curacao
裸麦威士忌	Rye Whiskey	荷兰薄荷香甜酒	Vandermint
黑麦酒	Stout	蜂蜜香甜酒	Drambuie
糖浆	Sugar Syrup	咖啡香甜酒	Creme de Cafe
日本米酒	Sake	意大利榛果香甜酒	Frangeliceo
香甜酒	Liqueurs Cordials	凤梨香酒	Creme de Ananas
苹果苏打	Cider	甘草香甜酒	Galliano
意大利杏仁香甜		美国蔓越橘果香甜酒	Cranberria
香栗子香甜酒	Aquavit	姜汁斯内普香甜酒	Ginger Schnapps
梨子酒	Perry	柑橘干邑香甜酒	Grand Marnier
甘草香甜酒	Anisette	爱尔兰之雾香甜酒	Irish Mist
乳酒	Koumiss or Kumiss	喷火的火山	Flaming Volcano
杏仁白兰地	Apricot Brandy	墨西哥咖啡香甜酒	Kahlua
棕榈树酒	Palm	基酒基本原材料	Base
混合葡萄酒	Blended Wine	苏格兰威士忌香甜酒	Lochan Ora
不起泡葡萄酒	Still Wine	樱桃香甜酒	Maraschino
甘蔗	Sugar Cane	颜色媒介物	Coloring Agent
起泡葡萄酒	Sparkling Wine	日本翠绿香瓜香甜酒	Midori
杜松莓	Juniper Berry	风味味道媒介物	Flavoring Agent
强化酒精葡萄酒	Fortified Wine	希腊茴香香甜酒	Ouzo
胡荽子	Coriander	伴随饮料	Chaser
贝利斯爱尔兰奶酒	Bailey's Irish Cream	桃子白兰地	Peach Brandy
柠檬皮	Lemon Peel	梨子白兰地	Pear Brandy
内桂斯内普香甜酒	Cinnamon Schanpps	独特、特异	Unique
白兰地加班尼迪克丁酒	B & B	法国甘草香甜酒	Pernod

调酒方法	Method of Mixology	椰味饮料预伴汁	Pina Colada Mix
薄荷斯内普香甜酒	Peppermint Schnapps	穿刺的橄榄	Speared Olive
搅碎法搅成雪泥状	Blending	苦精	Bitters
丹麦樱桃香甜酒	Peter Heering	独特装饰物	Unique Garnish
轻轻搅匀法	Stirring	柑橘风味水	Orange Flavored Water
胡桃香甜酒	Praline	散撒及装饰用巧克力	Chocolate Sprinkles
摇荡法	Shaking	塔贝斯可辣椒汁	Tabasco Sauce
以色列柑橘香甜酒	Sabra	干椰子碎片	Coconut Flakes
漂浮法	Floating	乌斯特喜儿辣酱酒	Worcestershire Sauce
意大利甘草香甜酒	Sambuca	咖啡豆	Coffee Bean
层层倒入建筑法	Building	肉桂棒	Cinnamon Stick
直接倒入法	Pouring	饼干	Cookies
甜化柠檬汁	Sweetened Lemon Juice	豆蔻粉	Nutmeg
挤碎法	Muddling	切片的大黄瓜	Sliced Cucumber
番茄汁	Tomato Juice	芹菜盐	Celery Salt
搅拌法	Mixing	橘子水果旗	Orange Flag
橘子汁	Orange Juice	柠檬胡椒粉	Lemon Pepper
调拌原材料	Mixes	凤梨水果旗	Pineapple Flag
葡萄柚汁	Grapefruit Juice	珍珠洋葱	Pearl Onion
各类香料	Spices	薄荷叶	Mint Leave
班尼迪克丁香甜酒	Benedictine	切片的奇异果	Sliced Kiwi
草莓水果浓汁	Strawberry Purees	法国杏仁糖浆	Orgeat
黑莓白兰地	Blackberry Brandy	烈酒	Spirit
蔓越橘果汁	Cranberry Juice	意大利杏仁糖浆	Orzata
凤梨汁	Pineapple Juice	公升、1000cc	Litre、Liter
血腥玛丽预伴汁	Bloody Mary Mix	杏仁糖浆	Almond Syrup
芹菜杆	Celery Stalk	无酒精的鸡尾酒饮料	Mocktail
鲜奶油	Cream	绿色橄榄	Green Olive
楔形凤梨块	Pineapple Wedge	蒲桃树干果	Pimento
可口可乐汽水	Coca Cola	新鲜薄荷小枝	Mint Sprigs
马拉斯奇诺樱桃	Maraschino Cherry	1oz 的小型酒杯	Pony
奎宁水	Quinine Water	可可粉	Powdered Cocoa
刨削物	Shavings	碳酸饮料之总称	Pop
苏打水	Soda Water	调制好的姜粉	Preserved Gingerroot
打到起泡之鲜奶油	Whipped Cream	补货请求单	Requisition Sheet
喷鲜奶油罐	Aerosol Whipped Cream	盐和胡椒	Salt & Pepper
百香果汁	Passion Fruit Juice	边缘	Rim
意大利卡布奇诺咖啡	Cuppucino	螺旋状的橘子皮	Spiral Citrus Peels

杯缘沾湿的杯子　Rimmed Glass
八角　Star Anise
德国沾盐的纽结状饼干　Salted Pretzel
切片的青翠香瓜　Sliced Honeydew
楔形莱姆　Lime Wedges
水果切割　Fruit Cutting

橘子圈　Orange Wheel
果雕　Fruit Carving
带杆的樱桃　Stemmed Cherry
牙签装饰　Garnish on Pick
辅助水或其他软性饮料　Back Up Drink
矿泉水　Mineral Water